監修者――木村靖二／岸本美緒／小松久男／佐藤次高

［カバー表写真］
クロムウェル肖像
（サミュエル・クーパー作）

［カバー裏写真］
クロムウェル像
（セント・アイヴズ）

［扉写真］
チャールズ１世の処刑

世界史リブレット人53

クロムウェル

「神の摂理」を生きる

Koizumi Tōru
小泉 徹

目次

▼**チャールズ一世**（一六〇〇〜四九）**およびチャールズ二世**（一六三〇〜八五）　この二人は同名のため区別しにくい。本文では、チャールズ一世あるいはたんにチャールズと表記している場合、チャールズ一世をさす。チャールズ二世については、皇太子チャールズあるいはチャールズ（二世）と表記する。括弧付きにしたのは、イングランド国王として正式に即位したのが王政復古以後のためである（六一頁頭注参照）。

▼**クラレンドン伯エドワード・ハイド**（一六〇九〜八五）　チャールズ二世のもとで亡命政府を指導し、王政復古を実現させた。その功績によって爵位を授与されたが、のちに政治的に失脚してオランダに亡命した。

歴史のなかのクロムウェル

歴史の表舞台に登場して以来、オリヴァ・クロムウェル（一五九九〜一六五八）にはいつも毀誉《きよ》褒貶《ほうへん》がつきまとってきた。「天才的軍事指揮官」「革命の英雄」「神に選ばれたイギリス人」という評価の一方で、「国王殺し」「アイルランドの虐殺者」という汚名を着せられてきた。実際、クロムウェルに対する評価は、それぞれの時代を映し出す鏡となっていて、考察の対象となってきた。

一六六〇年、王政復古が実現し、処刑されたチャールズ一世▲の子、チャールズ二世▲がイングランドに帰還したとき、最初におこなったことは、クロムウェルの遺骸を掘り出し、晒し台に晒すことであった。クラレンドン伯▲が著した史上最初のイギリス革命の歴史叙述『大反乱の歴史』は、クロムウェルを「勇敢な悪漢」として、待ち受けるのは地獄の業火のみとした。

国王派の人々だけではない。革命中の同志もまたクロムウェルに対して辛辣《しんらつ》であった。共和主義者ラドロウは、彼を「古き大義」の裏切り者として、「自らの野心のために公共の大義を犠牲にした」と批判した。プロテスタント非国教徒の牧師バクスタも、クロムウェルのなかに「自らの評価を高めることに密かに執着をいだいていた」人物を見出している。

名誉革命が実現してようやく風向きが変わり、革命中のクロムウェルの行動について理解する人々があらわれはじめた。しかしクロムウェル像が変化するためには、さらに長い年月と史料の集積が必要で、それが達成されたのは十九世紀のことである。

十九世紀のクロムウェル評価といえば、彼を「非難の余地なき英雄」「強力な指導者」とするカーライルのそれがよく知られているが、十九世紀のクロムウェル像をつくりあげたのは、ガードナであった。彼はカーライルのように「英雄」という超歴史的で単純なクロムウェル像ではなく、「ピューリタン革命」という歴史的事象のなかでの「ピューリタンの英雄」として描き出した。

▼**エドマンド・ラドロウ**（一六一七頃〜九二）　議会派の指導者として活動し、チャールズ一世の処刑にも関与した。王政復古後、フランスに亡命した。

▼**リチャード・バクスタ**（一六一五〜九一）　クロムウェルの軍隊付き牧師を務めるが、王政復古後、国教会から引退した。

▼**トマス・カーライル**（一七九五〜一八八一）　イギリスの思想家。大衆の物質主義、功利主義に反対し、英雄や天才の優越を主張した。

▼**サミュエル・ローソン・ガードナ**（一八二九〜一九〇二）　ロンドン大学教授、オクスフォード大学教授などを歴任し、イギリス革命史研究を真に学問的なものとして確立した。

グラッドストン▲など十九世紀の政治家は、クロムウェルをかならずしも好ましい人物とはみなさなかったが、彼が重要人物であり、「自由」を獲得するための戦いをおこなっていたことを認めた。

二十世紀にはいり、ドイツとイタリアに独裁政権が成立すると、クロムウェルはヒトラーやムッソリーニと比較された。左翼でもクリストファ・ヒル▲は、クロムウェルを市民革命を実現した偉大な政治指導者と認めた。

いずれにせよ、それぞれの時代のクロムウェル像は、時代を反映しており、かならずしもクロムウェルの実像を明らかにするものではない。以下の簡単な素描でも、そこに二十一世紀という時代が映し出されるのはやむをえない。

▼ウィリアム・ユワート・グラッドストン（一八〇九〜九八）　イギリスの政治家。保守党議員として出発したが、のちに自由主義に傾斜した。自由党党首として四度、総理大臣を務めた。

▼クリストファ・ヒル（一九一二〜二〇〇三）　二十世紀、イギリスを代表するマルクス主義史家。オクスフォード大学ベイリオル・カレッジ学寮長として多くの歴史家を育てた。晩年は、一六五〇年代の年老い疲れきったクロムウェルの姿に共感の念を示した。

①—革命までのクロムウェル

無名時代

オリヴァ・クロムウェルは一五九九年四月二十五日、イングランドの東部ハンティンドンシァの有力なジェントリ▲、サー・オリヴァ・クロムウェルの弟ロバートの次男として生まれた。遠い親族にヘンリ八世の政治的片腕トマス・クロムウェル▲がいた。ロバートは州治安判事▲を務めるジェントリであったが、年収は三〇〇ポンド、身分に応じた体面を保つ生活を維持するのに精一杯の資産しかない「没落しつつある」ジェントリであった。

オリヴァはハンティンドンのグラマースクールをへて、一六一五年、ケンブリッジ大学のシドニ・サセックス・カレッジに進学する。とくに学業に秀でたところはなかったが、グラマースクールから大学をつうじて、プロテスタンティズムの影響下に育ち、ローマ教皇を反キリストの総帥と考えるプロテスタント改革派（ピューリタン▲）となった。

一六一七年、父の死去にともない、短い学生生活を切りあげて故郷にもどっ

▼ジェントリ　イギリスの社会階層。貴族より下位であるが、独立自営農民よりも上位にあり、イギリス社会のエリートとして政治、経済の中心的役割を担った。

▼トマス・クロムウェル（一四八五頃〜一五四〇）　イギリスの政治家。ヘンリ八世の寵臣として宗教改革を実行したが、最後は処刑された。オリヴァの祖母の祖母が、トマスの姉妹であった。

▼州治安判事　イギリスの地方行政を担う無給の官職保有者。軽犯罪の処罰および日常行政を担当。

▼ピューリタン　エリザベス一世以後のイングランド国教会において、さらなるプロテスタント的改革を求める人々の総称。当時、「ピューリタン」と呼ばれたが、本書では以下の二つの理由からこの用語を用いない。第一に、当時の用語法では蔑称であったということ。改革派の人々は自分たちを「敬虔な人」(the godly)と呼んでいた。第二に、現在「ピューリタン」というと、「謹厳実直で禁欲的な中流階級」の人々という印象が強いが、本書からわかるように、

たが、一家の主となった彼には、年一〇〇ポンドあまりの収入しかなかった。六人いた姉妹のうち結婚したのは一人だけで、それ以外のすべての姉妹および母を養いつつ、ロンドンに出て所領管理の法律的知識を学び、そこで未来の妻エリザベス・バウチャに出会った。

　結婚のおかげでクロムウェルは精神的に充実した家庭をえたが、経済状況は依然、逼迫《ひっぱく》したままであった。しかし妻をつうじて、彼は有利なものを手にいれた。エセックスに張りめぐらされたプロテスタント改革派のパトロネジ▲である。バリントン家、シンジョン家、そしてリッチ一族▲と政治的なつながりができた。

　この政治的後ろ盾のもと、一六二八年、彼はハンティンドン選出の下院議員▲としてウェストミンスタにあらわれた。歴史上、「権利の請願」が採択されたことで有名なこの議会での彼の政治的影響力は皆無に等しい。新人として演壇に立ったのは一度だけで、アルミニウス主義▲を批判するその内容は、「気のぬけたビール」のようだと評された。

　下院議員に選出されたものの、経済状況はまったく好転しなかった。年一〇

プロテスタント改革派には多数の貴族がおり、彼らは謹厳実直でもなければ禁欲的でもなかった。

▼パトロネジ　ヨーロッパ近世社会において人間と人間を結ぶ恩顧関係の絆。この人間関係をつうじて、特権や名誉が分配された。

▼リッチ一族　第二代ウォリック伯ロバート・リッチ（一三頁参照）を中心とするプロテスタント改革派の一族。その影響下に、サー・フランシス・バリントン（一五七〇～一六二八）、サー・オリヴァ・シンジョン（三五頁頭注参照）など議会派の有力下院議員がいた。

▼下院議員の選出　当時、下院議員は、州選挙区か、議員選出権をもつ特権都市から選出された。クロムウェルは、このとき特権都市であるハンティンドンから選出された。

▼アルミニウス主義　オランダの聖職者ヤコプス・アルミニウスの名に由来する神学的立場。プロテスタントの立場にありながら、予定説を否認ないし一部について留保した。

〇ポンドの収入では、ジェントリとしての体面を保つ生活は維持できなかった。さらに市内の政治的対立に敗れ、ハンティンドン市参事会員▲への選出を拒まれた。

この時期が、クロムウェルがもっとも窮地に立たされた時期だった。彼は所領のほとんどを一八〇〇ポンドで売り払い、ハンティンドンの街を離れて近くの小さな街、セント・アイヴズに引っ越した。そこでの身分は、もはやジェントリではなかった。

この窮境のなか、母方の伯父サー・トマス・ステュワード▲が死亡し、イーリ主教座大聖堂参事会の借地権を含むかなりの資産を遺贈された。このおかげで三年後、彼の年収は以前の三倍に増え、家族とともにイーリ大聖堂の近くに大きな家を借りた。クロムウェルは、当時カンタベリ大主教ロード▲の支配下にあったイングランド国教会の教会統治に反対するプロテスタント改革派であった。この相続によって主たる収入源が国教会となるという奇妙な事態になったものの、彼が国政に復帰する経済的基盤が整えられた。

この一六三〇年代をつうじて、彼はセント・アイヴズの「敬虔な人々」から

▼市参事会　中世以来の都市統治の中心的機関。

▼サー・トマス・ステュワード（?〜一六三六）　彼には子どもがなく、クロムウェルが相続人と目されていた。実際の相続には多くの困難が予想されたので、一六三五年、クロムウェルは伯父が狂気に陥ったとして所領の管理権を奪おうとした。当然、サー・トマスは激怒し、クロムウェルを相続から完全に除外すると宣言した。しかし翌年彼が死去したとき、クロムウェルは遺言執行人からはずされたものの、遺産を相続することができた。

▼ウィリアム・ロード（一五七三〜一六四五）　イングランド国教会の高位聖職者。ロンドン主教をへて、一六三三年、カンタベリ大主教に就任。教会統治の責任を問われ、四五年、処刑された。

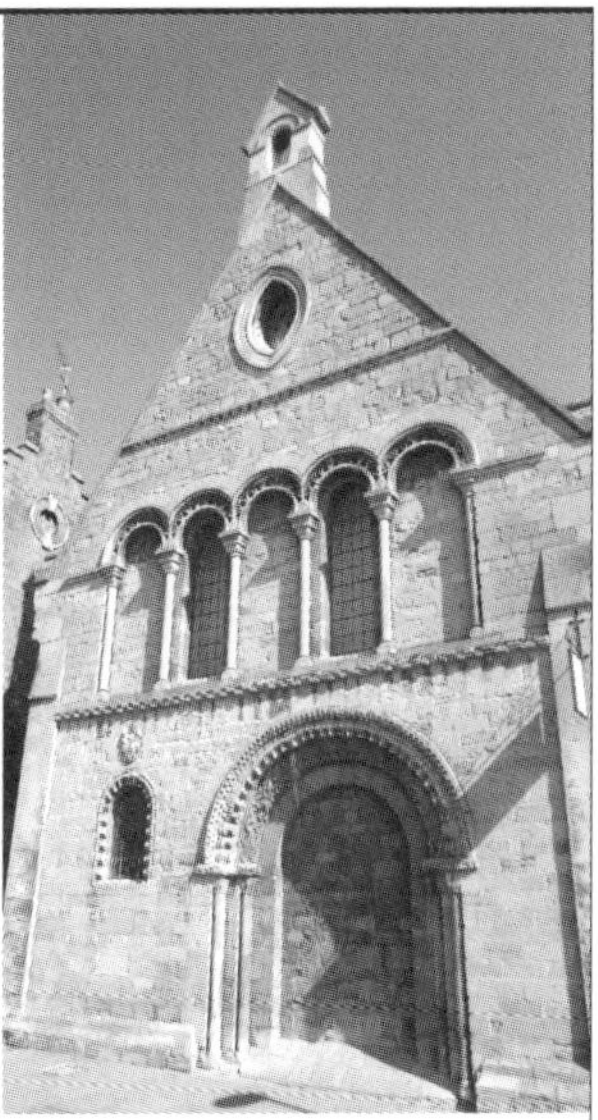

●―ハンティンドン・グラマースクール　現在はクロムウェル博物館となっている。グラマースクールとは、ギリシア語、ラテン語を習得することによって、大学教育の準備をおこなう中等教育学校のこと。

●―エリザベス・バウチャ　クロムウェルの妻エリザベスはロンドンの毛皮商人の長女であった。父は騎士に叙された有力者で、エセックスの有力な改革派プロテスタント、リッチ一族の借地人であった。

●―イーリのクロムウェルが借りた家(右)**とイーリ大聖堂**(左)　写真の家がクロムウェルが住んだ家のなかで現存する唯一のものである。

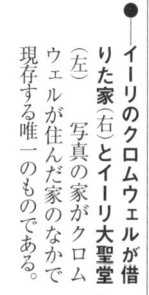

なるサークルに属していた。このサークルのメンバーで、のちにもっとも有名になるのはクロムウェルが護国卿《ごこくきょう》になったとき、国務会議議長を務めたヘンリ・ロレンス▲である。このときオリヴァはヘンリの借地人の一人で、サークルを指導していたのはヘンリであった。

　クロムウェルは宗教上の問題ではチャールズ一世の方針に反対していたが、国王の政策すべてに反対していたわけではない。彼は国政上の大問題となっていた船舶税▲を支払っていたし、騎士強制金▲についても異議を唱えなかった。これはほかのプロテスタント改革派にも共通する特徴で、アルミニウス主義的教会政策については強硬に反対したものの、世俗の問題については、国王の政府に忠実に従う姿勢をとっていた▲。

　一六四〇年にハンティンドンにもどるまで、クロムウェルは四年間イーリに住んだ。街でもっとも有力かつ裕福な人物の一人であったものの、イーリ主教レン▲が、改革派に反対するロード派の有力人物であったこともあって、居心地は良くなかった。彼は主教座聖堂参事会の定期借地権を売却し、主教との関係を断ち切った。

▼ヘンリ・ロレンス（一六〇〇〜六四）　セント・アイヴズのジェントリの長男に生まれ、ケンブリッジ大学エマニュエル・カレッジを卒業。ロード体制下の国教会を嫌って、一六三八年、オランダに移住、その後も内乱にともない、オランダに居住。四六年に帰国後、チャールズ処刑に強硬に反対したにもかかわらず、アイルランド問題委員に指名され、五三年に国務会議議員に選任される。王政復古後、引退。

▼船舶税　本来は国土防衛のために沿岸諸都市で徴収された税。議会の開催をきらったチャールズ一世は、一六三四年、増収策としてこの税をロンドンに、さらに翌年には全国に拡大した。この税の徴収には、全国的に大きな反対運動が広がった。

▼騎士強制金　チャールズ一世の増収策の一つ。地方のジェントリを騎士にして、封建的負担を求めた。

▼**国王の政策への姿勢**　ウォリック伯、ハムデンなど反対に回った改革派の人々もいるが、その目的はアルミニウス主義的宗教政策の撤回を求めることにあった。

▼**マシュー・レン**（一五八五〜一六六七）　反改革派の高位聖職者。革命中はロンドン塔に収監されたが、生き延びて王政復古をむかえた。

チャールズ一世

議会人として

一六二八年に「権利の請願」を裁可することによって、国王チャールズ一世は一時的に議会と和解したものの、翌年、ふたたび衝突し、それから一一年間にわたって議会を開催しなかった。スペインやフランスとの和平が達成されたことによって軍事費の負担は少なくなり、一六二〇年代の窮迫した財政状況からぬけだすことができた。しかし新たな財源がないため、さまざまな増収策をおこなわざるをえず、それらが議会の議決をへていないことによって、ジェントリなど統治エリートの不満はしだいに高まった。

それでも戦争をしなければ、国王の財政はただちに破綻するものではなかった。ところが統治下にある三つの王国を宗教的に統一するという政策を追求した結果、財政は一気に危機的状況に向かった。きっかけはスコットランドにアルミニウス主義的祈禱書の使用を強制したことにあった。一六三七年、エディンバラで反乱が起き、貴族、聖職者からなる反乱側が統治権を掌握した。

チャールズは反乱を鎮圧しようとして軍隊を動員したが、動員されたジェントリは国王の政策に不満をいだき、最初から戦意がなく、ほとんど戦うことな

▼**自由市民**　自治都市の運営に参加する資格をもつ者。自治都市の正式の成員であり、下院議員選挙権を有し、都市自治体の財産に関して排他的な特権をもっていた。

▼**下院議員への選出**　これはケンブリッジ市民がロード派の教会統治に敵意をもっていたことを示している。彼らはイーリ主教レンに情熱を持って対抗できる人物を求めており、その眼鏡にかなった人物がクロムウェルであった。

▼**ジョン・ピム**（一五八三〜一六四三）ベドフォード伯の下院における政治的代理人であったが、革命初期から内乱にかけて、下院の指導者として国王派と対抗した。

く敗北した。この第一次主教戦争によって財政的に追いつめられたチャールズは、一六四〇年春、議会の開催に追いこまれた。一六二九年に停会のまま解散した議会から、一一年ぶりのことである。

この議会に選出された下院議員は一六二八年に選出された議員と顔ぶれがほとんど変わっており、クロムウェルは、両方の議会に名を連ねたわずかな議員の一人であった。今回はケンブリッジからの選出であったが、議員に選出されるためには、まずケンブリッジの自由市民▲にならなければならなかった。プロテスタント改革派の自由市民四人が市長に圧力をかけ、強引に彼を自由市民に指名させて下院議員に選出した▲。

一六二八年の議会での経験を活かそうとウェストミンスタに乗りこんだクロムウェルであったが、活躍の機会はなかった。のちに議会派を指導するピム▲が「苦情のカタログ」と呼ばれる演説をおこなって政府を批判したため、議事が最初から暗礁に乗り上げ、三週間後に解散されてしまった。

議会を解散したものの、チャールズ一世に事態を打開する方策があったわけではない。彼は、再度、軍を起こしてスコットランドとの戦争に向かったが、財政的にも戦争をできる状態になく、逆にスコットランド軍によってイングランド北部を占領されてしまった。事ここにいたって、チャールズはまたも議会の開催に追いこまれた。春の議会が短期で終わったのに対し、この議会は名目的には一六六〇年まで続いたので、長期議会と呼ばれる。

クロムウェルはこの議会に、ふたたびケンブリッジから選出された。内乱において軍事指導者として頭角をあらわすまで、クロムウェルはめだたない議員だったという見方もあるが、それはあたっていない。長期議会の当初から彼はプロテスタント改革派のために論陣を張り、ロード体制下における宗教的迫害を非難した。

まずピム、ハムデン（一三頁参照）ら著名なプロテスタント改革派とともに宗教委員会小委員会の委員に指名され、地元の宿敵イーリ主教レンを弾劾し、教会および行政から彼を追放した。また一六四〇年末、ロンドン市民から提出された「根こそぎ請願」を受けて、急進的プロテスタント改革派サー・ヘンリ・ヴェイン・ジュニア▲とともに「根こそぎ法案」▲を起草した。そのほかにも、バース・ウェルズ主教の弾劾、礼拝の改革など、クロムウェルの政治活動は枚挙

▼サー・ヘンリ・ヴェイン・ジュニア（一六一三〜六二）　プロテスタント改革派の政治家。長期議会ではピム亡きあとに、一時的に議会を主導。国王処刑裁判にはかかわらなかったものの、共和主義者として処刑された。

▼「根こそぎ法案」　国教会を根こそぎにするという意味で、事実上の国教会廃止法案。この法案は翌年夏までに下院を通過したが、貴族院で否決された。

に暇《いとま》がない。彼の政治活動は、ベドフォード伯▲、ウォリック伯、セイアンシール卿▲、ピム、ハムデンなどからなる、プロテスタント改革派政治指導部の先陣を切る役割をはたしていた。これらの人々こそ、当時、次の改革派政権を支える有力者と目されていたのである。

またフェンランドの干拓▲をめぐってマンチェスタ伯と対立していた地元民の苦情を下院に取りついだ。ケンブリッジ選出の下院議員として、地元の利害を代弁するのは、長期議会においても議員として欠かせない仕事であった。

クロムウェルの攻撃的な政治姿勢は多くの衝突をまねき、一時は議会への出席を禁止されそうになった。国教会制度に対する彼の憎しみは強烈で、教会財産を売却して統治費用にあてればよいと主張するほどであった。またロンドンでは安息日が厳守されていないと論難し、日曜の説教にかえて聖書講義をおこなうべきだと主張するなど、プロテスタント改革派のなかでも、その急進的な姿勢は人々の注目をあびた。

プロテスタント改革派の指導部であるベドフォード伯、ピムは立場が異なった。彼らはロードの支配する国教会に反対していたが、国家教会という枠組み

▼ベドフォード伯フランシス・ラッセル（一五九三〜一六四一）　一六二〇年代からプロテスタント改革派貴族として知られ、星室裁判所に召喚されたこともある。長期議会の当初、改革派政権の首脳となることを期待されたが、病死した。

▼セイアンシール卿ウィリアム・ファインズ（一五八二〜一六六二）　一六二〇年代からプロテスタント改革派貴族として知られた。革命直前、チャールズ一世の恩顧を受けて枢密院顧問官となったにもかかわらず、議会派のために戦う。国王処刑後、政治の表舞台から去った。

▼フェンランドの干拓　当時進行していたフェンランド（イースト・アングリア地方に広がっていた低湿地帯）の干拓に、クロムウェルが反対派の人々を率いて立ち上がったという無名時代の有名なエピソードがあるが、そうした事実はない。

●――**ジョン・ハムデン**（一五九四〜一六四三）　一六二〇年代からプロテスタント改革派の政治家として知られる。船舶税の支払いを拒んで、政府反対派の代表的人物とみなされた。

●――**ウォリック伯ロバート・リッチ**（一五八七〜一六五八）　第二代ウォリック伯爵。エセックスに強力な政治的地盤をもつ。海外での植民活動、私掠に積極的に取り組む。プロテスタント改革派貴族として、チャールズ一世のアルミニウス主義的教会統治に反対。革命中は海軍卿として、議会派のもとで戦う。クロムウェルの娘フランシスは、孫のロバート・リッチと結婚。

●――**マンチェスタ伯エドワード・モンタギュ**（一六〇二〜七一）　ウォリック伯の娘と結婚することによって、プロテスタント改革派に接近。一六四二年には、貴族としてただ一人、チャールズ一世から逮捕命令を受ける。軍指導者としてクロムウェルと対立。国王処刑に反対し、政界を引退。

を維持したままカルヴァン派的教会に改革することができると考えていた。宗教問題は優先課題ではあったが、さまざまな問題の一つにすぎなかった。国家を運営するにあたっては、地方の一介のジェントリの視野をこえる経験が求められた。プロテスタント改革派指導者の多くが有力な官職保有者であったのに対し、クロムウェルにその経験はなかった。そのことが彼の政治的経歴において決定的な要因となった。

クロムウェルの強烈な反国教会感情の根源には、さらに強力な反カトリック感情があった。彼はカトリック教徒の武装解除を試みるなど、反カトリック政治運動の先頭に立っていた。この反カトリック感情が議会を分裂させるにいたった「大抗議文」▲の基盤にあった。クロムウェルは「大抗議文」がそれまでの国政改革法案と同様、ほとんど反対を受けることなく下院を通過すると思いこんでいた。それが僅差で採択され、さらにそれを印刷し広く知らしめるかどうかをめぐって、賛成派、反対派が議場で剣をぬくにいたったとき、彼は大きなショックを受けた。「もしも抗議文が採択されなければ、すぐに全財産を売り払い、二度とイングランドの土を踏むつもりはない」と語ったほどである。

▼「**大抗議文**」　ピムがチャールズ一世の失政を列挙した請願。失政はカトリック教徒の顧問によるものとした。この請願の採択をめぐって下院は分裂し、のちの国王派が生まれた。

▼**ストラフォード伯・トマス・ウェントワース**（一五九三〜一六四一）
一六二〇年代には下院の政府反対派指導者。その後チャールズ一世に取り立てられて、北部評議会議長、アイルランド総督を歴任。チャールズ一世の統治の中枢とみなされ、処刑された。

アイルランド問題との出会い

「大抗議文」とほぼ時を同じくして、一六四一年十一月、ロンドンに届いたアイルランド反乱の知らせは、クロムウェルの危機感をさらに強めた。総督ストラフォード伯▲が帰国したのに乗じて、アイルランドの人々は、それまでの土地収用およびカトリック抑圧に反対して蜂起した。カトリック教徒は、イングランドで長期議会主導のもと、戦闘的なプロテスタント改革派が政治的に勝利を収める可能性に怯えてもいた。この反乱で五〇〇〇人から一万人のプロテスタントが殺害され、多くのプロテスタントがイングランドに逃亡した。その人々の話から、殺害されたプロテスタントの数は一五万人だという噂が広がり、イングランド全土を恐怖におとしいれた。反乱軍が今にもイングランドに上陸し、ロンドンに進軍するのではないかという可能性に、首都でも武装してそれに備える人々があらわれた。

こうした状況のなか、クロムウェルはプロテスタント改革派政治指導部の意を受けて、アイルランドで生き残ったプロテスタントを救出し、カトリック教徒に復讐するための軍隊を召集する計画を練った。しかしアイルランドの反乱を鎮圧するためには、もっと徹底的な方策が必要であった。そこでアイルランドの土地二五〇万エーカーを収用して、それを戦費にあてるという方法が考え出された。クロムウェルは三年分の収入にあたる八五〇ポンドを醵出《きょしゅつ》し、レインスタに一二五七エーカーの土地を受け取ることになった。

これほど多くの金額を醵出することによって、クロムウェルはジェントリとしての生活を維持することが難しくなったが、アイルランド人に対する怒りは、それを上回るものがあった。まったく誤った情報にもとづいていたものの、クロムウェルの頭のなかでは、アイルランド人は、つい昨日まで仲良く暮らしていたイングランドからの移住者を、突如、虐殺した許すべからざる極悪人となったのである。

一六四一年末から翌年夏にかけてのアイルランドをめぐる政治的経験は、のちに彼の生涯の汚点となるアイルランド人大虐殺の伏線となった。

内乱の足音

ふたたび国内に目をもどすと、「大抗議文」の採択以降、内乱の危機が迫りつつあった。議会が賛成派、反対派に分裂した結果、それまで存在しなかった国王支持派が、立憲的国王派として出現したためである。国王派、議会派ともに積極的に内乱を望んでいたわけではないが、戦争になった場合に備えて準備にはいった。

　そうした政治状況のなか、クロムウェルは内乱が避けられないことを確信し、その到来を待ち望む急進的少数派の一人であった。一六四一年十一月四日、彼は国王が対スコットランド戦用に召集した北部の軍隊を用いて反乱を起こそうとしていると、下院で演説した。その二日後には、プロテスタント改革派指導部の政治的同盟者であるエセックス伯▲が、イングランド南部の軍事指揮権を掌握すべきだとする動議を提出した。翌年一月、議会指導者を逮捕しようとして失敗したチャールズ一世の無謀な試みのあと、クロムウェルは王国を防衛するための委員会の設置を提案した。この提案は議会を通過して、のちの「民兵条例」制定の端緒となり、三月には「民兵条例」が正式に成立した。これによって議会は、各州の軍事力を統括する統監職を指名する権利を獲得した。

　それからの数カ月間、クロムウェルは内乱に備えるため全力をつくした。五

▼エセックス伯ロバート・デヴルー（一五九一～一六四六）　エリザベスの廷臣で、処刑された第二代伯の長男。ファルツ回復義勇軍の指揮を執り、カディス攻略軍の副司令官を務めるなど軍人として知られた。政治的には国王反対派として知られ、内乱においては当初、議会軍の総司令官を務めた。

月末、義勇兵を徴募するために急進的な下院議員を指名し、各州で内乱に備える動きがあると、ただちに下院に伝えた。地元ケンブリッジで合計二〇〇人の義勇兵を募集する許可も取りつけた。六月末には、両院合同協議会に対し、陸軍力、海軍力について報告をおこなった。

戦争をおこなうためには財源が必要であった。議会指導部は当初、自発的な醵出金によってまかなうことができると考えていたが、十分な額の醵出金は集まらなかった。六月、議会はクロムウェルの動議に従って、醵出金を集める責任者である統監代理が仕事をしない場合、治安判事でも醵出金を徴収できる権限を与えた。国王派のサボタージュに対する備えである。八月になるとクロムウェルは、四人の議員とともに、現金、銀器、馬匹などの醵出督励の責任者となった。またロンドンの有力な貿易商からなる冒険商人組合に対し、戦争をするための議会向けの信用枠を設定させた。クロムウェルといえば、戦場での勇敢な指揮官として有名であるが、戦時体制を整えるという点でも傑出していた。

これ以外にも、彼は国内でもっとも強力な要塞ロンドン塔およびハルの軍需《ぐんじゅ》廠《しょう》を防御する戦略策定に参加した。また鎧《よろい》、銃器、鞍《くら》の製造組合に対し、国王に軍需材料を提供しないように働きかけた。一六四二年三月、クロムウェルは動議を提出して、各州の長官が、民兵条例にもとづく兵士の徴募に反対する国王布告▲を公布するのを禁止させた。八月には地元ケンブリッジにもどり、民兵隊の小部隊を率いて、軍需物資が集積されているケンブリッジ城を占拠した。

　みてきたように、内乱が開始されるまでのクロムウェルは、地方選出のめだたない一下院議員ではなかった。彼はプロテスタント改革派指導部の支持を受けて、下院を改革派の望む方向に動かすために全力をかたむけた。それは彼が多くの委員会で委員に指名されているという事実からも明らかである。こうした活動をつうじて、彼は地方の一ジェントリのままではえることのできない政治的嗅覚を身につけていった。また軍事問題に関しては、当初からその能力を示していたが、その背景には、内乱が不可避であることを早くから見通していた急進的プロテスタント改革派の世界認識、この世界がキリストと反キリストの戦いの場であるという認識を認めることができるであろう。

▼国王布告　本来は、議会が開かれていないときに緊急に公布される制定法にかわる規則。国王は、議会の同意がえられない場合、これを用いることがあった。

▼スペインとの戦争　エリザベス治世下、低地地方の独立問題をめぐって一五八五年から戦われた戦争。一六〇四年のロンドン条約によって終結した。

▼三十年戦争　ベーメンでのプロテスタントの反乱をきっかけとしてドイツを中心として戦われた戦争。ハプスブルク陣営と反ハプスブルク陣営の間の戦争で、一六四八年のウェストファリア条約で終結した。

▼アレグザンダ・レズリ（一五八二～一六六一）　初代リーヴァン伯。オランダ軍、スウェーデン軍に加わり、スウェーデン国王グスタフ・アドルフの信頼をえて、元帥に昇進した。

②—革命のなかのクロムウェル

軍事指揮官クロムウェルの誕生

意外なことであるが、クロムウェルは、当時の基準からしても、軍事経験を欠いていた。スペインとの戦争が終了してから三十数年間、イングランドは長期にわたる戦争の当事者となることはなかった。しかしわずかな期間であっても三十年戦争にかかわっており、プロテスタントの大義を掲げて大陸で戦った者はまれではなかった。スコットランド軍総司令官アレグザンダ・レズリ、後の国王軍の中核の一人ルパート王子などが代表的な人物である。また大陸で戦った経験はなくても、国内の民兵隊指揮の責任はジェントリにあったので、なんらかの軍事経験をもつジェントリは多かった。ところがクロムウェルには、そのいずれの経験もなかった。

彼の軍事知識は、三十年戦争の記録と一般向けの軍事技術解説書からえられた。当時の改革派プロテスタントにとって、三十年戦争はプロテスタントとカトリック、すなわちキリストと反キリストの間の死力をつくした戦いであった。

多くのプロテスタントは、三十年戦争を海の彼方の無関係な戦いではなく、イングランドの命運にかかわる一大決戦とみなしていた。いずれにせよクロムウェルは軍事技術をすみやかに習得し、実地に役立てた。下院議員としての戦争の準備、またケンブリッジにおける最初の軍事行動をみればそれがよくわかる。

一六四二年八月末、クロムウェルは、五〇〇名の竜騎兵▲部隊をケンブリッジに派遣するよう議会を説き伏せ、国王の徴兵委任令状が執行されるのを阻止した。さらにその部隊をイーリに進軍させ、イーリ主教レンの身柄を拘束するとともに、公邸にあった武器を差し押さえた。この軍事行動によって、ケンブリッジは州全体が議会派の支配下にはいった。

続いてクロムウェルはケンブリッジ周辺で民兵条例にもとづいて募兵をおこない、エセックス伯の軍に加わった。戦闘の洗礼を受けたのは一六四二年十月、エッジヒルにおいてである。戦闘は決着がつかなかったが、国王にロンドン進軍の可能性が開けた。国王軍のルパートはこの機に乗じて一気にロンドン入城をはかったが、ロンドンでは徒弟からなる大部隊が編成され、西郊ターナム・グリーンで国王軍を食い止めた。

▼ルパート王子（一六一九〜八二）ジェイムズ一世の娘エリザベスとファルツ選帝侯フリートリヒの第三子としてプラハに生まれる。三十年戦争ではオランダ軍に加わり、ブレダ攻囲戦に参加。イギリス革命においては、国王軍騎兵隊司令官に就任。

▼一般向けの軍事技術解説書　当時、イングランドの軍事力の中核は民兵隊で、指揮官はアマチュアのジェントリであった。そのため彼らのための軍事技術書が書かれた。

▼竜騎兵　馬に乗って戦場を移動する乗馬歩兵。戦闘は下馬しておこなうのが普通であった。

議会軍騎兵の制服　議会軍と国王軍の補給に基本的に差はなかったが、議会軍の補給システムの方がより組織的であった。とりわけ新型軍の補給能力は高かった。

▼**会衆派**　プロテスタント改革派のなかで、各教会の独立性を重視する教派。

▼**バプテスト**　成人洗礼を主張して、十七世紀前半に分離派から独立した宗教的グループ。

クロムウェルは、この一連の戦闘においてめだった働きをしたわけではないが、多くのことを学んだ。彼は、国王軍がジェントリの子弟から成っているのに対し、議会軍の兵士の多くが、年老いた奉公人や飲み屋の親父《おやじ》風情であり、国王軍にまともに対抗できないと悟った。彼はケンブリッジにもどり、議会に与えられた大佐の名前で、新たに募兵を開始した。まもなく彼は、それぞれ数百人からなる二つの連隊を率いるようになった。

クロムウェルの募兵において特徴的だったのは、宗教的信念を重視したことである。とりわけ士官の場合、その原則は徹底され、離脱する者が皆無といわれるほどであった。さらに士官の選抜にあたっても社会階層を無視したので、州委員会は仰天した。階層構造を当然のものとする当時の常識からかけ離れていたからである。熱烈なプロテスタントであれば、会衆派▲であれ、バプテスト▲であれ、長老派であれ、同じ待遇を受けた。

クロムウェルのカリスマ的指導力は、議会軍のなかでもきわだっていたが、それは彼の兵士に対する同志意識に支えられていた。書簡のなかで彼は、自分の部下を素晴らしい仲間だとほめたたえ、待遇に人一倍気を使った。彼は消極的な各州委員会▲を督励し、兵士のための補給、給与を確保しようと努力した。

当面、クロムウェルには達成すべき目標があった。まずイースト・アングリア▲全体を支配下におくことである。これは一六四三年三月、国王派の拠点ノリッジを占領することによって達成された。

次の目標は北方に進軍してニューカースル伯▲の強力な国王軍を食い止めることである。七月、クロムウェルはセシル一族▲の本拠地の一つバーリ・ハウスを包囲した。守備隊は降伏を拒否したが、さらに増援部隊が到着するといわれたため館をあけわたした。クロムウェルは捕虜の虐殺や略奪を禁止し、二〇〇人の捕虜はケンブリッジに送られた。

この時期、イングランド各地で国王軍の強い圧力のもと、議会指導部は、軍事的苦境に立たされていた。徴募された兵士は自分の州の防衛には熱心であったが、他州に出かけて国王軍と対峙することには消極的であった。

マーストン・ムアの戦いまで

一六四三年秋、議会軍総司令官エセックス伯がニューベリで国王軍の本隊を

▼州委員会　議会派が、税徴収のために各州に組織した行政組織。

▼イースト・アングリア　ロンドン北東の諸州。ノーフォーク、サフォーク、ケンブリッジ、エセックスの諸州が含まれる。

▼ニューカースル伯ウィリアム・キャベンディッシュ（一五九二〜一六七六）　チャールズ一世の廷臣。のちに大陸亡命。

▼セシル一族　エリザベス女王の臣下として権勢をふるったバーリ卿ウィリアム・セシルの一族。二十世紀初頭まで、イギリスを代表する土地貴族として、多くの総理大臣や大臣を輩出した。

▼トマス・フェアファクス（一六一二〜七一、右）　ヨークシァの古いジェントリの家系に生まれる。大陸で戦場の経験を積み、内乱にさいしては父親ファーディナンド（左）とともに、議会派に身を投じた。

▼東部連合軍　各州の防衛を主任務とする民兵隊の限界を破るため、州をこえて編成された東部諸州の民兵隊特別訓練部隊。

食い止める戦果をあげたので、クロムウェルのイースト・アングリア防衛戦はあまりめだたなかった。しかし彼は人生における大きな出会いを経験した。マンチェスタ伯のもとに馳せ参じた彼は、ウィンスビの戦いで落馬し、あわや生命を失う危機に瀕した。このとき側面から国王軍を蹴散らしたのが、フェアファクスであった。ここに長きにわたる彼らの友情が始まった。

ウィンスビの戦いの規模は小さかったが、影響は大きかった。この戦闘で、議会軍騎兵隊は初めて国王軍騎兵隊を打ち破った。さらにこの勝利によってハルの包囲を解き、リンカンシァ全体を議会派の支配下におく展望がえられたのである。クロムウェル個人にとっても、この戦いは大きな意味をもった。プロテスタント改革派指導部の信頼をえて、彼は東部連合軍騎兵隊を訓練する責任者となった。

一六四四年一月、マンチェスタ伯は、クロムウェルを東部連合軍少将に任命した。マンチェスタ伯と政治的にそりが合わなかったクロムウェルが、なぜこの地位に昇進したのかわからない。東部連合軍のなかで信頼できる士官は、おそらくクロムウェルのほかにいなかったのであろう。二人は議会派の最高執行

▼両王国委員会　初期の軍事的劣勢を克服するため、長老派を国教とするスコットランドの助力を求めた結果、両国の間で「厳粛な同盟と契約」が結ばれ、両国の最高執行機関として設立された。

機関、両王国委員会▲に名を連ねることになった。

「厳粛な同盟と契約」にもとづいて、スコットランド軍が北部から国王軍に圧力をかけはじめたため、ニューカースル伯は南下の圧力を弱めた。この機会にクロムウェルは久しぶりに議会の議事に参加したが、その発言は、以前よりも重みをもって受け取られるようになった。また東部連合軍が、総司令官エセックス伯の指揮する議会派中央軍から軍事的主導権を奪ったため、多くの有能な士官、兵士が東部連合軍に加わった。こうして議会軍内部にはびこっていた州中心主義は、しだいに軍事的勝利を優先する立場にとってかわられた。

二月にふたたび軍の指揮にもどったクロムウェルは、東部連合軍の支配領域を着実に拡大していった。三月にはバッキンガムシァを支配下におさめ、五月にはリンカンを占領した。次の軍事的目標は、東部連合軍を率いて北上し、ヨークを包囲しているフェルディナンド・フェアファクスと連携することにあった。北からスコットランド軍の圧力を受け、南からフェアファクス軍および東部連合軍の圧力を受けたニューカースル伯は、五〇〇〇人の騎兵および六〇〇〇人の歩兵とともに、北部最後の拠点ヨークに立てこもった。チャールズ一世は、ヨーク救援に向かうルパートに「もしヨークを失うようなことになれば、我が王冠にほとんどなんの意味もない。両王国の反乱軍を撃破せよ」と口頭で命令を伝えた。

チャールズの命令を受けたルパートは、七月二日、ヨーク西郊、マーストン・ムアで議会軍を迎え撃った。スコットランド軍の支援を受けた議会軍は、緒戦、国王軍騎兵隊の圧倒的な攻撃の前に退却を余儀なくされ、フェアファクス自身も負傷した。議会軍が総崩れになるのを防いだのは、左翼を受けもつクロムウェルであった。彼自身、傷を負いながら、ルパートの攻撃を受け止め、議会軍の退却を食い止めた。勝敗を決したのは、スコットランド軍であった。この戦いで国王軍は四〇〇〇人にのぼる戦死者を出し、国王の政治的運命に暗雲が立ちこめた。ニューカースル伯は最後に「俺は宮廷で恥をかきたくない」と言い残して、大陸に亡命した。

議会派の分裂

マーストン・ムアの勝利は、議会と国王の間で和平の交渉を始める良い機会

内乱時のイングランド

0 50 100 150km
N
スコットランド
ベリック
カーライル
ニューカースル・オン・タイン
マーストン・ムア
ヨーク
ハル
プレストン
ウィンスビ
チェスタ
ノッティンガム
イングランド
キングズリン
レスタ
コヴェントリ
ネイズビ
ウスタ
ウェールズ
ヘリフォード
エッジヒル
コルチェスタ
グロスタ
ペンブルック
オクスフォード
ターナム・グリーン
ロンドン
レディング
ブリストル
ニューベリ
ラングポート
ポーツマス
エクセタ
プリマス

▼**ウィリアム・ウォラ**（一五九七〜一六六八）　若いときに兵士として大陸で従軍。長期議会議員に選出後、内乱において議会派西部軍を指揮。辞退条例以後は軍を離れ、長老派議員として活動。

であった。しかし両派ともそれぞれの事情から、交渉を始められなかった。チャールズ一世は政治的能力を欠いていたので、敗北を認めようとしなかった。他方、議会内部では、戦争派と和平派の政治的対立が激化し、意思統一ができなかった。

議会派の内部対立を利用して、国王は西部地方で議会軍を敗北させ、ロンドンに向かって進軍しようとした。十月二十七日、議会軍のマンチェスタ伯とウィリアム・ウォラ▲が、ニューベリで、チャールズを迎え撃った。議会軍の数は二万二〇〇〇人におよび、国王軍の九〇〇〇人を圧倒していた。議会軍が決定的勝利をえることができなかったのは、マンチェスタ伯にその気がなかったためである。ここでマンチェスタ伯とクロムウェルの間で、史上有名なやり取りがなされたと伝えられている。

マンチェスタ伯　「我々が国王を九九回打ち破ろうとも、彼は依然国王であり、その子孫は国王となる。我々が一度でも敗れれば、我々は首をくくられ、子孫も終わりだ」。

クロムウェル　「司令官、もしそうであるならば、我々はどうして最初に武器を手にしたのでしょうか。おっしゃることは、これから未来永劫戦うなということです。それならば、どんなにひどい条件でも、和平を結ぼうではありませんか」。

クロムウェルはウォラの支持をえて、マンチェスタ伯の行動を軍事的怠慢であるとして議会に告発した。ところがマンチェスタ伯は逆にクロムウェルが党派的行動をとったとして告発し、独立派▲の人間しか認めないと非難した。両者の対立は、クロムウェルと議会指導部の間の対立を反映していた。クロムウェルは激昂し、貴族など見たくもないし、スコットランド人にもうんざりだと発言して、議会指導部を驚かせた。クロムウェルは過激な発言で知られていたが、ここにいたってそれまでの立場を踏みこえた。プロテスタント改革派指導部の尖兵の役割をはたしてきたクロムウェルは、ついに独立した政治的人格となったのである。

議会派内のクロムウェルの敵はマンチェスタ伯だけではなかった。西部地方で大敗北を喫した議会軍総司令官エセックス伯は、十二月初旬、和平派の人々を集め、クロムウェルを政治的、軍事的に排除しようとしたが、今や議会内に

▼**独立派**　主として宗教上の会衆派を中心とする政治党派。

強力な支持者をもつクロムウェルを排除することはできなかった。この間、クロムウェルは軍の会議で士官の完全な支持をえて、軍に対する支配を確立した。ここに議会派は、議会指導部と軍に分裂した。その対立は同時に、宗教上の長老派と独立派、政治上の和平派と戦争派の対立とほぼかさなっていた。

辞退条例と新型軍

プロテスタント改革派指導部から独立したクロムウェルは、議会と和解の道を探りはじめた。軍事委員会における演説で、軍の指揮官も多くの間違いを犯してきたことを率直に認め、そのうえで軍が戦ってきたのは議会の大義のためであるとして、過ぎたことは過ぎたこととして手をたずさえて戦争に勝利しようと結んだ。この演説を受けて、軍事委員会委員長テイト▲は、貴族院、下院を問わず、すべての議員を軍務からはずす辞退条例を提案し、クロムウェルもこれを支持した。

喫緊の課題は、議会軍を強力なものに再編し、国王に軍事的に勝利することであった。辞退条例が貴族院で審議されている間、議会は新型軍への改組を実

▼**ズーシュ・テイト**（一六〇六～五〇）
長老派の下院議員。

行していた。エセックス伯軍（中央軍）、マンチェスタ伯軍（東部連合軍）、ウォラ軍（西部軍）という議会軍の三つの主力部隊を、単一の指揮下に編成しなおし、すべての軍事費を新型軍に集中することになった。一六四五年三月終わりまでに、総司令官フェアファクス以下、騎兵隊司令官以外のすべての軍幹部の人事が発令された。この過程で、クロムウェルは国王派にも知られるところとなった。ヨーク大主教は、クロムウェルが議会派のもっとも危険な人物の一人であるとして、抱きこみをはかるか、謀殺するよう進言した。クロムウェルという独立した政治的人格が、敵にも認識されるようになった。

五月三十一日、中部の議会派の要衝レスタが、突如、ルパート率いる国王軍の攻撃を受け、略奪された。この緊急事態にフェアファクスは上下両院に対して、クロムウェルをすみやかに新型軍騎兵隊司令官に任命するように迫った。貴族院は要求を拒否したが、下院は任命を承諾し、彼を辞退条例の例外とされる三人の士官の一人に指名した。クロムウェル自身は、軍から身を引くつもりでいたが、国王軍の攻撃のために軍務は継続することになった。

ネイズビの戦い

六月十一日、フェアファクスはクロムウェルに対し、できるだけ多数の部隊を率いて新型軍に加わるように命令を発した。二日後、彼は六〇〇人の部隊の先頭に立ってフェアファクス軍に合流し、熱狂的な歓迎を受けた。これによってフェアファクス軍は総勢一万七〇〇〇人をこえ、一万二五〇〇人の国王軍に対して優位に立った。

マーストン・ムアと同様、クロムウェルの指揮する騎兵隊が勝敗を決した。議会軍左翼は当初、ルパートの激しい攻撃の前に退却を余儀なくされ、アイアトン▲が負傷した。しかし右翼のクロムウェルが攻撃に出たことで、戦線が持ちなおし、国王軍を敗北に追いこんだ。国王軍には兵士の家族、娼婦など多数の女性が同行していたが、敗北のなかで数百名が戦闘員とみなされて虐殺された。

クロムウェルは、上下両院への報告のなかで、すべては神の意思にもとづくもので、勝利の栄光は神のものであるとした。プロテスタント改革派に根強かった「神の摂理」▲の意識は、戦場における強みであると同時に、戦場の蛮行を正当化する役割をはたした。それはのちにアイルランドで大規模なかたちで繰

▼**ヘンリ・アイアトン**（一六一一～五一）　プロテスタント改革派ジェントリの家に生まれた。内乱の開始とともにエセックス伯の軍に加わった。ネイズビの戦い当日の朝、軍事経験のないアイアトンは兵站総監に任ぜられ、左翼の防衛についた。この人事は、クロムウェルが彼の冷静な知性を評価した結果である。この後、アイアトンはクロムウェルの政治的代弁者となった。一六四六年、クロムウェルの娘ブリジットと結婚。

▼「**神の摂理**」(providence)　この世界で起きるすべてのできごとに神の意思が働いているとする考え方。プロテスタント改革派にあっては、とりわけこの意識が強かった。

り返されることになる。

ネイズビの戦いの主役は新型軍で、もはやスコットランド軍の助力が不要になったことを示していた。このことは逆にイングランドとスコットランドの間に感情的対立を生み出し、結果として内乱を長引かせることになる。

内乱の終結

ネイズビでの敗北にもかかわらず、チャールズ一世は抗戦を続行したため、フェアファクスとクロムウェルはなお一年間戦い続けた。戦いはおもに西部地方でおこなわれ、まず国王軍残存部隊の主力をサマセットで打ち破った。また国王派に親近感をいだいていた西部地方のクラブメン▲と呼ばれる自衛部隊を敗走させることによって、地方に根強かった中立主義を議会の側に引き寄せることに成功した。さらに西部地方の要衝でイングランド第二の貿易港ブリストルを支配下におき、議会派の勝利を確実なものにした。その過程で、神の名のもとに多くの残虐行為がなされた。とりわけ頑強に降伏を拒否した守備側に対して、情け容赦のない殲滅《せんめつ》戦がおこなわれた。妥協の申し出が拒否されたあと、

▼**クラブメン**　地域共同体が、内乱において自らを守るために自発的に形成した軍事力。おもな武器が棍棒(club)であったことから、このように呼ばれた。

極めて強硬な方針で対処するというクロムウェルの行動スタイルは、このころからめだつようになる。

一六四六年一月、クロムウェルは国王軍最後の拠点コーンウォールをめざし、雪をついて進軍した。国王軍の拠点が陥落するにつれ、多くの義勇兵が彼の部隊に加わった。反撃のためコーンウォールを出た国王軍五〇〇〇人はクロムウェルの部隊を迎え撃ったが、戦いの帰趨《きすう》はすでに決していた。三月初め、国王軍の残存部隊はコーンウォールの狭い地域に包囲され、チャールズ皇太子(のちのチャールズ二世)はシリー諸島に逃亡した。進退窮まったチャールズ一世は変装してオクスフォードをぬけだし、スコットランド軍に投降した。

国王の身柄を引きうけたスコットランドは処置に窮して、ニューカースルで議会派と交渉をもった。議会派は国王の身柄引きわたしを求めるとともに、国王に対して「ニューカースル提案」と呼ばれる和平提案をおこなった。内容は、スコットランドとの「厳粛な同盟と盟約」にもとづき主教制を廃止し、長老教会制度を採用するというものであった。九月、四〇万ポンドの支払いを受けスコットランド軍が撤退すると、国王の身柄はイングランド側に引きわたされた。

内乱から革命へ

内乱に勝利したことによって、議会派は政治の主導権を握るはずであったが、実際には主導権を失っていた。国政改革は内乱を引きおこし、今や統御できない革命へと転化しつつあった。まず議会派内部での分裂・抗争が激化した。プロテスタント改革派からなる議会派指導部は、内乱をつうじて、エセックス伯、ウォリック伯、マンチェスタ伯を中心とする和平派＝長老派、セイアンシール卿、ヴェイン、オリヴァ・シンジョン▲の戦争派＝独立派に分かれていたが、内乱の終結が逆に彼らの政治対立を促進した。

戦争が終わった結果、巨大な新型軍を維持する名目はなくなったが、多額の未払い給与が残っていたため、軍幹部、兵士ともにただちに新型軍を解散することに強硬に反対した。兵士は自分たちの権利を守るために代表（アジテータ）を選出し、軍幹部、議会に対し圧力をかけた。彼らは軍幹部との協議をつうじて、軍を代表する新しい機関として全軍会議を設けた。

さらに軍の背後には、議会外から圧力をかけるロンドンの急進的な独立派がおり、彼らはレヴェラーズの名で知られていた。代表者は、オーヴァトン▲、リ

▼**オリヴァ・シンジョン**（一五九八〜一六七三）　プロテスタント改革派の政治家、法律家。プロヴィデンス島会社の一員であるとともに、クロムウェルの姻戚。長期議会においてはピムに次ぐ指導者で、ピム亡きあと、サー・ヘンリ・ヴェイン・ジュニアとともに戦争派を指導。王政復古にあたってマンク（六八頁頭注参照）を支持したが、一六六二年、亡命。

▼**リチャード・オーヴァトン**（一六〇〇頃〜六三以降）　非合法出版によって、異端的死生観を表明し、長老派をあざけった。

▼**ジョン・リルバーン**（一六一五～五七）　ジェントリの家に生まれ、プロテスタント改革派のパンフレット作者として有名になり、議会軍の士官となった。

▼**ウィリアム・ウォルウィン**（一六〇〇～八〇）　主教の孫に生まれ、冒険商人組合員。深い宗教的情熱をもつとともに、社会改革に関心をいだいた。

ルバーン、▲ウォルウィン▲で、かならずしも共通の政治目標をもっていたわけではないが、ロンドンに多くの支持者をもち、急進的な政治改革をめざしていた。

一方、すでにイングランドから撤兵していたスコットランドが、一六四七年初頭、長老派や国王と結んでイングランドに圧力をかけはじめた。こうして議会派内の対立に加えて、議会と軍の対立、軍内部での士官と兵士の対立、議会と議会外の対立、さらにはイングランドとスコットランドの対立という複合的対立関係が鮮明になったのである。

この重要な時期（一六四七年一～三月）、クロムウェルは病気で政治の表舞台にいなかったが、議会に復帰するや、軍の活動家に対し、議会と対立することの愚を説き、議会ではすみやかに軍を解散する旨を明言した。レヴェラーズのリルバーンが、クロムウェル、ヴェイン、シンジョンらを裏切り者と断罪する一方で、和平派はクロムウェルが裏で軍の急進派をけしかけていると非難した。

「提案要綱」と「人民協定」

一六四七年六月中旬、軍全体の協議機関である全軍会議はレディングで会合を開き、議会に圧力をかけて要求を貫徹すべきか討議したが、クロムウェルは「通りで吠えかかる犬にいちいちかかわるな」と自重を促した。翌日、アイアトンらの起草した「提案要綱」が発表された。前年九月、国王顧問との間で協議された和平案を基礎としており、「乞食のような」スコットランド人からイングランドの独立を回復するのが目的であった。クロムウェルにいわせると、スコットランドの主導権、そしてのちのチャールズ一世とスコットランドの同盟は、イングランドを外国の支配下におこうとする試みにほかならなかった。

「提案要綱」は、国王との和平条件であると同時に、新しい国制の見取り図であった。内容は穏当なもので、国王にも議会にも受け入れやすかった。議会は、軍司令官を指名するなど、軍に対する支配権を認められた。主教制も、強制力を失ったものの、存続を認められた。十分の一税は廃止されるが、国教会共通祈禱書の使用は許された。国王派の人間も、大多数は恩赦を受けることになっていた。議会は二年ごとに召集され、議席は税額に従って再配分されることになっていた。

クロムウェルや軍幹部は、「提案要綱」によってチャールズの同意をえたいと願っていた。そうなればチャールズは歓呼の声のなかロンドンに帰還し、長老派とスコットランドからなる反軍連合の結成を防ぐことができるからである。しかし政治感覚を欠くチャールズは、愚かにもこれを拒否し、対立する各派を手玉にとって、自分に有利な状況をつくりだそうとする陰謀にふけるようになった。クロムウェルは国王の不誠実な態度に失望した。

「提案要綱」が宙に浮いている間、ロンドンでは長老派＝反軍派にあおられた群集が議会を襲撃し、逃げ出した議員が軍に保護を求めてきた。このため八月二日、軍はロンドンに進軍し、六日にはシティとウェストミンスタを支配下においた。ここにきて、チャールズはようやく急迫した事態を認め、長老派の「ニューカースル提案」よりも、軍の「提案要綱」が望ましいとする姿勢を明らかにした。クロムウェルは国王と軍の和平交渉のための委員を指名した。

それに対して軍急進派は、十月二十八日にロンドン郊外のパトニで予定されていた全軍会議に向けて、『軍の主張を正確に述べる』というパンフレットを公表し、軍幹部が軍の政治的影響力を低下させたと非難した。そしてその当日、兵士代表は「提案要綱」よりも包括的な「人民協定」▲を提出した。

▼「**人民協定**」　イギリス史上最初の憲法草案。社会契約説にもとづいて、イングランドのすべての自由民の同意にもとづく国家を構想していた。

「人民協定」が全軍会議で読みあげられると、クロムウェルは、それは王国の統治に根本的な変革を加えるものであるとして、反対にまわった。さらにもしも「人民の主権」なるものがあるとして、国民の多数派がそうした変革に反対した場合はどうなるのか、と反論した。自分の大原則は統一を保持することで、軍はこれまでおこなってきた約束を守る義務があり、現在の議会を保持しなければならないとした。

翌朝、祈禱のあと、集会に軍急進派のレインバラ大佐▲が登場すると、議論はさらに白熱した。「人民協定」がふたたび読み上げられ、アイアトンが、これはすべての人間に選挙権▲を認めるものだと攻撃した。これに対し、レインバラ大佐は答えた。

私は、イングランドにいるもっとも貧しい者でも、いちばん豊かな者と同様、生きるべき生命を有すると、心から信じております。したがってある統治のもとに生きる者は誰であれ、まず同意によってその統治のもとにおかれることは明らかだと思うものです。

アイアトンは、この王国に恒久的な利害をもつ者だけが選挙権をもつべきで、

▼トマス・レインバラ（?〜一六四八）　海軍士官の家に生まれ、議会軍に加わって、マンチェスタ伯のもとで戦った。

▼選挙権　当時、下院議員の選挙権は、州選挙区の場合、年収四〇シリング以上の自由土地保有民と定められ、都市選挙区の場合、勅許状によってさまざまであった。

「他人の意思に従うもの」すなわち奉公人、徒弟、乞食は排除されるべきだと反論した。クロムウェルは両者の間に割ってはいり、頭を冷やすように諭すと、両者の溝を埋めるための委員会の設立を提案した。

十一月一日、全軍会議が再開されると、兵士代表は、国王や貴族院が、下院の議決に対して拒否権をもっていることを攻撃した。クロムウェルは、軍は軍事的なことに専念すべきだと訴えたが、議論が国王の問題におよぶと、議論を主導できなくなった。チャールズ一世がまたもスコットランドと同盟して、内乱を再開しようとしていたためである。クロムウェルは、国王を亡き者とし、貴族院の権力を剝ぎ取るのが、神の意思である可能性はあるが、神の意思が明らかになるのを待ち、悪事に手を染めるべきではないと述べた。しかし、この一年後、彼は国王を亡き者とすべきだという確信をえるにいたる。

十一月五日までに、全軍会議においてレヴェラーズは勝利していた。その日、クロムウェルが下院の議事に出ている間に、全軍会議はチャールズはもはや信用できないので、交渉しないように議会に要請することを決めたが、事態はさらに急迫していた。兵士代表がクロムウェルや軍幹部を逮捕しようとしているという噂が流れていた。時あたかも印刷、公刊された『人民協定』がロンドンの書店の店頭に並んだ。表紙には、「軍全体の賛同をえた」と書かれていた。

軍幹部とレヴェラーズ

レヴェラーズが全軍会議の主導権を握り、兵士を革命に向かって動員しようとしているのをみて、クロムウェルは反撃に転じた。十一月八日、全軍会議の席上で議論を打ち切り、兵士代表を各連隊に帰らせる動議を提出し可決させた。

翌日、軍総司令部は、全軍を三つに分けて、南部の三カ所に集結するように命令した。レヴェラーズは、この命令に反発した。全軍が一カ所に集結することで、「人民協定」採択に向けて圧力をかけることができると考えていたためである。ちょうどそのころ国王暗殺の噂が飛び交うなか、怯えたチャールズが幽閉されていたハンプトン・コート宮殿をぬけだし、ワイト島へ逃亡した。

国王逃亡の四日後、軍幹部は第一集結地点ハーフォードシァのウェアに向かった。軍幹部は、自分たちが起草した、未払い給与の支給を求める「軍の抗議」を兵士が受け入れるか、「人民協定」の採択を求めるか、はかりかねていた。集結地点にはすでにレヴェラーズの活動家が到着しており、「人民協定」を配布して署名を求めていた。

フェアファクスは各連隊を閲兵し、用意してきた「軍の抗議」を提示した。兵士は「国王とトマスのために!」という歓呼の声をもってこたえた。ところがそこに突然、リルバーンの弟の属する連隊が姿をあらわした。彼らは北部に進軍するよう命令を受けていたにもかかわらず、反乱を起こして士官を追放し、この集結地点に到着したのである。彼らも「人民協定」を帽子に留めていた。フェアファクスは閲兵終了後、「人民協定」をはずし、服従するように命令したが、彼らは拒否した。クロムウェルは剣をぬき、烈火のごとく怒って、士官を率いて馬に乗って彼らの間に駆けこんだ。これによって事態は沈静化し、反乱を起こした部隊は、首謀者を自ら処刑した。

クロムウェルは議会にもどり、レヴェラーズを弾圧した理由を説明した。それによると、彼は当初、レヴェラーズのばかげた主張は兵士の間で支持をえられないだろうと思い、その活動を許した。しかしレヴェラーズは兵士の間に大きな支持を獲得し、全軍会議の主導権を握った。クロムウェル自身、謄本土地

▼**謄本土地保有民**　農奴保有に起源をもつ土地の保有者。自由土地保有権が国王裁判所によって保障されていたのに対し、領主裁判所の謄本によって保有権が保障されていた。十七世紀には、その保有権は、自由土地保有と大差ないものとなっていた。

保有民▲まで選挙権の拡大が必要なことは認識していたが、財産のない者にまでそれを拡大するという主張には同意できなかった。この極端な平等の要求こそが、クロムウェルをレヴェラーズ弾圧へと向かわせたのである。

レヴェラーズ反乱事件の余波を食い止めるため、軍幹部は二つの手段をとった。一つは未払い給与問題を解決すること、もう一つは軍急進派を孤立させず、影響力のうちにとどめることである。議会はレヴェラーズの提起した問題の危険性に気づき、軍を維持するための課税を承認した。数カ月のうちに軍を半減させる約束をしたものの、軍はレヴェラーズの政治的圧力を利用して自らの生き残りに成功した。

軍急進派の取りこみもうまくいった。レヴェラーズのスポークスマンとなったレインバラ大佐は、一時、軍務を解かれたものの、ふたたび現役に復帰し、海軍副司令官となった。軍事法廷に告発された士官も、悔悟の意思を明らかにすると連隊への復帰を認められた。

軍の統一を回復することが喫緊の課題だったのは、国王の逃亡とそれにともなう陰謀をみすごすことができなくなったためである。軍幹部は、もはや信頼できない国王との交渉に見切りをつけた。クロムウェルは議会に圧力をかけ、「交渉打ち切り宣言」を出させた。

第二次内乱

一六四七年末、議会の主導権はばらばらになり、議会派の支持層自体、極端に狭くなってしまった。国王派はもともと議会を支持していなかったが、長老派が軍を支持しなくなったため、統治の中心にいるのは軍およびそれを支持する少数の独立派議員だけになった。長期議会が始まったとき、一致して国政改革を求めた議会の姿はもはやなかった。

かつて議会に圧力をかけてさらなる改革を求めたロンドンの民衆は、際限ない党派対立に飽き、国王の復帰を求めていた。彼らは、権力を握る軍と議会に対するデモンストレーションとして、わざとクリスマスを祝い、安息日に遊戯にふけり、篝火《かがりび》を焚いて踊りまわった。こうした行為はプロテスタント改革派に対する嫌がらせであると同時に、失われた「陽気なイングランド」への郷愁を掻き立てた。こうした風潮に乗って、国王派は全国で活動を活発化させ、各

▼ウィリアム・ゴフ（一六〇五頃〜七九頃）　改革派プロテスタントの家に生まれ、結婚によってクロムウェルの一族と結びついた。チャールズ一世処刑に深く関与したが、王政復古のときに新大陸に亡命。

▼ハミルトン公爵（一六〇六〜四九）　初代ハミルトン公爵ジェイムズ・ハミルトン。スコットランドの政治家。スウェーデン王グスタフ・アドルフのもと三十年戦争に参加。一六三八年、国王代理としてスコットランドの反乱派（盟約派）との交渉にあたる。その後一貫してチャールズ一世に忠誠をつくし、一六四八年には国王を救出すべくイングランドに侵入してて第二次内乱を引きおこす。プレストンで敗れて、チャールズ一世処刑の二カ月後、処刑された。

▼**ジョン・ランバート**（一六一九〜八四）　ヨークシァの古い家系に生まれ、内乱開始にあたってフェアファクス軍の士官に任命された。国王処刑に関与しなかったものの、王政復古後、訴追され、のちに釈放された。

地で反乱が起きていた。

一六四八年四月末、すべてがうまくいかないように思えるこの危急のとき、クロムウェルら軍幹部は、総司令部のおかれたウィンザーに集まり、祈りのときをもった。三日目、突如、天啓がくだった。立ちあがって旧約聖書の「箴《しん》言《げん》」の言葉を語りはじめたゴフ中佐▲に、満場言葉を失い、多くの者が感極まって泣き出した。彼らは、打って出て主の御名において敵と戦おうと誓った。今や主の大義と我が国民にさからう「血塗られた」チャールズ・ステュアートを倒すことは、神聖な義務となったのである。

軍幹部はただちに総司令部を出て、各地の戦いに散っていった。フェアファクスは、ロンドン周辺の反乱鎮圧に向かった。クロムウェルはウェールズに向かい、六月には国王軍の立てこもるペンブルック城を陥落させた。七月になると、ハミルトン公▲の率いる九〇〇〇人のスコットランド軍が、国境をこえてイングランドに侵入してきた。それに三〇〇〇人の国王軍が合流し、議会派の拠点を落としつつ、南へ向かって進軍してきた。

議会派のランバート大佐▲は戦力が大幅に劣るため、クロムウェルの到着を待った。クロムウェルは四二〇〇人の軍勢を率いてペンブルックを出発し、途中、新兵を補充しながら北部に向かった。クロムウェルは八月八日、ドンカスタに到着し、さらにハルから軍需物資を調達した。

八月十三日、ヨークシァのリポンで、クロムウェルとランバートの軍は合流し、総勢九〇〇〇人を数えるにいたった。スコットランド軍と国王軍は、クロムウェルの軍がすぐそばにいることに気づかず、防御体制をつくったときはすでに遅かった。国王軍は頑強に戦ったが、最後はクロムウェルの騎兵隊によってプレストンの街に退却させられた。

国王軍敗北の知らせに意気阻喪したハミルトン公はクロムウェルの追撃を受けて苦戦し、取り残された歩兵はすべて戦死するかクロムウェル軍の捕虜となった。騎兵もランバートの追撃を受けて降伏した。降服した多数のスコットランド軍、国王軍は、公の言葉によれば、極めて紳士的なあつかいを受けた。

国王処刑への道

クロムウェルが軍事的勝利をおさめる一方、統治エリートの多くは、国王との交渉による和平の実現、国王復帰を望んでいた。一部の長老派議員は、「交渉打ち切り宣言」に反して国王との交渉を再開した。これを知った軍幹部は驚いて、政治的反撃に出た。クロムウェル不在のなか、その役割は女婿《じょせい》アイアトンの手にゆだねられた。

アイアトンは、議会内の和平派に対抗するため、前年、袂を分かったレヴェラーズとの連携を模索した。レヴェラーズは、九月に「レヴェラーズの大請願」として知られる軍の請願を提出し、未払い給与の支払いと戦闘行動中の行動違反に対する免責を求めていたが、軍幹部はこれを支持した。アイアトンはさらに『軍の抗議』の草案を起草し、十一月半ば、これを士官会議にはかった。

『軍の抗議』は全文二万五〇〇〇語からなり、十一月二十日、下院で朗読された。最初に和平を求める議会を非難し、「交渉打ち切り宣言」にもどることを要求する。そして国王自身が、国民に対し大罪を犯し、戴冠にあたって国民とおこなった約束を破っているのであるから、もはや彼に忠誠をつくす義務はないと述べる。さらに国王は戦いに敗れながら、もう一度戦いを引きおこし、多くの人々の血を流させたと主張し、流血の責任は国王にあり、彼に対して正

▼**トマス・プライド**（?〜一六五八）　出自は不明。議会軍で多くの戦いに参加し、チャールズ一世の死刑宣告に署名。

義がおこなわれないかぎり、神の怒りはおさまらないであろうとして、国王処刑の論理を明らかにした。

しかし『軍の抗議』の論理には、弱点があった。議会も軍も、「厳粛な同盟と契約」で国王の生命を保護すると約束していた。さらに国王処刑を支持する国民はほんのわずかしかいなかった。この弱点を突破するために彼らが用いたのが、「神の摂理」というプロテスタント改革派の論理である。もしもチャールズ一世の行動が神によって嘉《よみ》されるものであったなら、彼は戦場で勝利したはずである、しかし彼は二度の内乱に敗れた、これは彼が神の怒りをかっている証だというわけである。

下院は、『軍の抗議』を審議することを拒否し、議会と国王の間で交わされた最新の和平案を交渉の土台とする決議を採択した。議会の姿勢に、軍はただちに反応した。軍は議場を占拠し、十二月六日、プライド大佐▲が下院の入り口に立って、登院した議員を逮捕した。四一人の議員が逮捕され、臨時の拘置所（「地獄亭」という名の居酒屋）に留置された。

まさにこの日、クロムウェルが北部から帰還し、議院内の国王居室に身を落ち着かせた。北部の戦闘が終了した九月から十二月初頭まで、なぜ彼がロンドンにもどらなかったのか、またこの時点で国王処刑をすでに決めていたのかどうか、などの疑問は、現在も謎のままである。

九月以降、彼はレヴェラーズと密接に連絡をとっていた。九月に北部に赴いたリルバーンと会い、内乱の目的はなんだったのか、と問いかけるリルバーンに対し、「国王の首を切り落とし、議会を解散するか、議員を追放すること」だと述べている。「平和が望ましいのは、主なる父がそれを受け入れる場合だけで、父が統べる戦争は善なのだ」という確信、プロテスタント改革派の「神の摂理」が、その根底にあった。

他方、彼が国王処刑を決意していたという確証もない。十二月までロンドンにもどらなかったということ自体、彼の気持ちがゆらいでいた証かもしれない。十二月十六日、彼はプライド大佐に命じて、議事を続行するための定足数が必要だという理由で、逮捕した議員を釈放させた。また新型軍の設立にあたって支持を表明した貴族のもとを訪れ、かつてプロテスタント改革派の巨頭としてはるか頭上にいたウォリック伯と面会したりした。

しかし、十二月末に彼の決心は固まった。国王の反逆的行為こそが、内乱における おびただしい流血の原因であるとする軍の告発を支持した。告発を裏づけるために、彼はウィンザー城に軟禁されていたハミルトン公に二度も会いに行き、チャールズ一世の招請があってイングランドに侵入したという言質をとろうとした。チャールズの招請が確認できれば、外国軍のイングランド侵入を引きおこしたとして、反逆罪に問えるからである。しかしハミルトン公は、それを否定した。クロムウェルはいった。

誰であれ、国王を廃位し、王統を断絶させようという計画を実行する者、あるいはそうした計画を立てるだけの者でも、この世における最大の裏切り者であり、反逆者である。しかし「神の摂理」が我々にそれを命じるならば、私は摂理に従わざるをえない。

貴族院は、全会一致で国王処刑に反対した。国王がいなくなれば、自分たちの存在も危うくなるからである。ヨーロッパの君主たちは、親族であるチャールズが処刑されれば、軍事介入も辞さない姿勢をみせていた。九月に国王を裁判にかけるように声高に主張していたレヴェラーズは、国王処刑に反対しはじ

▼オーモンド侯ジェイムズ・バトラ（一六一〇〜八八）　一六四〇年以降、アイルランド総督として国王派のために尽力した。

めた。軍幹部にさえ、反対論が強くなった。国王を処刑せず皇太子に譲位させれば十分で、処刑は外国の侵入をまねきかねない、という理由である。

しかし「神の摂理」が、クロムウェルの行動を決めた。軍の兵士たちからの圧力もあった。兵士は二度にわたる内乱と流血の責任はチャールズにあるとして、おびただしい数の書簡を総司令部に送りつけていた。またチャールズ自身に妥協の意思がないことが、ことの決着を難しくした。

さらにアイルランドの脅威も大きくなっていた。一六四八年秋以降、国王の任命したアイルランド総督オーモンド侯▲はカトリック教徒と同盟して、アイルランドからイングランドに侵入して国王の身柄を救出する計画を練っていた。アイルランドのカトリック教徒はプロテスタントのオランダにも接近して、その支持を固めつつあった。

実際は、アイルランドでの国王派とカトリックの連合は同床異夢であったが、イングランドにいるクロムウェルにとっては現実的な脅威に思われた。プロテスタントが多数虐殺された一六四一年以来、アイルランド問題は、イングランドにとってもっとも大きな脅威の源泉とみなされていた。フェアファクス宛の書簡のなかで、もしも国王が殺されればただちに反撃すると語ったオーモンド侯の言葉は、文字どおりに受けとめられた。チャールズの過去の行為だけではなく、未来の内乱の予感が、クロムウェルを駆り立てた。「神の摂理」は、チャールズの処刑を求めていた。十二月二十七日、ウィンザーに幽閉されていたチャールズは、もはや国王としてあつかわれなくなった。

裁判と処刑

貴族院が拒否したので、下院は単独でチャールズ一世を起訴し、国王を裁く特別法廷を設置した。法廷は一三五人の裁判委員からなり、下院議員、軍代表が多数を占めた。六人の貴族と国王裁判所の裁判官全員も委員に指名されたが、誰一人出席しなかった。軍代表として指名されながら、シドニ大佐▲は「国王を裁くことのできる法廷はない」といって出席を拒否した。クロムウェルの盟友フェアファクスは、一月八日の最初の会合には出席したが、それ以後、出席を拒み、国王助命のために奔走しはじめた。

審理は一六四九年一月二十日土曜日、テムズ川が凍る寒さのなかで始まった。

▼**アルジャーノン・シドニ**（一六二二～八三）　エリザベス時代の文人、フィリップ・シドニの親族。共和主義者として、王政復古後、亡命。帰国後、反国王陰謀事件にかかわったとして訴追され、処刑。

▼**ジョン・ブラドショウ**（一六〇二～五九）　チェシァに生まれ、一六二七年、法曹資格を獲得。内乱時には、議会派の検事として活動。一六四九年、国務会議議員に選ばれたが、共和制論者としてクロムウェルの権力掌握に反対。

チャールズ一世の死刑宣告

チャールズは法廷の合法性にしつこく疑義を唱え、裁判長ブラドショウによって法廷から退席させられた。彼が「正義を！　正義を！」と叫びながら退場したとき、審理をみまもる群衆から「神よ、国王を救いたまえ」という叫び声があがった。一月二十七日、ブラドショウが、「イングランド国民の名のもとに」審理を再開したとき、そこにいたフェアファクス夫人は、「クロムウェルこそ、反逆者だ」と叫んだ。

判決言い渡しの直前、チャールズは両院協議会に対し、声明を発表したいと申し入れた。ブラドショウは、これまで何度も発言の機会を与えたが、チャールズがそれを利用しなかったとして、これを拒否した。しかしすべての裁判委員が納得したわけではない。ほかの裁判委員に判決の言い渡しを延期するよう求める者もあらわれ、クロムウェルが別室に閉じこめて、脅しつけなければならないほどであった。

判決が言い渡されると、出席していた六七人の委員が署名した。自分が「専制君主、反逆者、殺人者」とされたことに意気阻喪したチャールズは、なおも発言を求めたが拒まれた。

▼バンケティング・ハウス　ホワイトホール宮殿の晩餐会用の建物。イニゴ・ジョウンズの代表的作品で、現在もトラファルガー広場の南に残る。

フェアファクスが刑の執行猶予を求めて最後の努力をしている間に、処刑の日時と場所が決められた。一月三十日、バンケティング・ハウス▲の外で、ということになり、臨時の断頭台が設けられた。その当日、午前十時十分、チャールズ一世はセント・ジェイムズ宮殿を出て、バンケティング・ハウスに向かった。しかし処刑に立ち会う士官が、誰一人命令書に署名しようとしなかったので、処刑は遅れた。結局、アイアトンの屋敷にいたクロムウェルが、自ら命令書に署名し、午後二時、死刑が執行された。

国中が国王処刑の衝撃に立ちすくんでいる間に、クロムウェルは権力を掌握する行動に出た。下院に残っていた議員はわずか七〇〜八〇人に減っていたが、「ランプ(残部)議会」と嘲笑された議会は、無用で危険だという理由で貴族院を廃止し、君主制そのものも廃止した。国王の行政を担っていた枢密院にかわり、国務会議が設けられた。

こうして二月半ばに新しい政府が誕生し、クロムウェルは念願のアイルランド侵攻を考えはじめた。しかしアイルランド侵攻に踏みきる前に、一つの障害物を取り除いておかなければならなかった。レヴェラーズである。

③―アイルランド、スコットランド侵攻

レヴェラーズとの対決

クロムウェルにとって、アイルランドは大きな意味をもっていた。そこは反キリストであるカトリックの国であり、反乱軍は多くのプロテスタントを虐殺した。さらに内乱の開始以降、アイルランドは国王派の拠点として、イングランドにとってつねに脅威の源泉であった。

しかしアイルランド侵攻を実行するには、多くの困難があった。そもそも軍と軍事費が用意できていなかった。またクロムウェルの不在中に、ロンドンでなにが起きるか予想もつかなかった。当初、クロムウェルがアイルランド侵攻に消極的だったのは、完全な支持を取りつける時間が必要だったためである。

結局、侵攻のために八個連隊が用意され、クロムウェル自身が総司令官の地位についた。彼が率いることになって募兵は順調に進むかと思われたが、指定された連隊においても多くの兵士が参加を拒否した。

この状況につけこんで、レヴェラーズが軍における宣伝活動を活発化させた。

▼レヴェラーズと女性　レヴェラーズには女性も参加していた。一六四九年三月二十八日、レヴェラーズの指導者が国務会議に出頭を命ぜられると、多くの群衆とりわけ女性が議会を取り囲んで圧力をかけた。クロムウェルも女性たちに取り囲まれて脅迫を受けたが、下院議長によって救出された。下院議長は女たちに「家に帰って、家事に専念するように」呼びかけた。

軍におけるレヴェラーズの影響力は依然、無視できないものであった。和平派との政治対立のなかで軍とレヴェラーズが軍と協調したこともあいまって、ふたたびその政治的影響力が大きくなっていた。彼らはクロムウェルら軍幹部を革命の裏切り者として非難し、士官を追い出して、兵士の利害を代表する者を選出するように働きかけた。▲

一カ月後、ロンドン駐屯の騎兵隊で、レヴェラーズの影響を受けた暴動が起き、一人の兵士が処刑された。その葬儀には数千人の兵士が、レヴェラーズの象徴である青いリボンを身につけて参加した。

レヴェラーズの活動はさらに続いた。とりわけアイルランド侵攻が予定されている連隊でその影響力が強く、軍幹部に不満をもつ部隊が、オクスフォード近郊のバンベリに集結した。この事実を知ったクロムウェルは、五月九日、配下でもっとも信頼できる部隊をハイドパークに集め、演説をおこなった。彼は革命の大義を思い起こさせ、未払い給与の支払いを約束した。部隊の忠誠心をかちとったクロムウェルとフェアファクスは、ただちに行動に移り、バンベリ近くの街バーフォードで、九〇〇人からなる反乱部隊に攻撃をかけた。寝込みをおそわれた反乱部隊は、クロムウェルの説得に応じてただちに降伏し、大規模な流血の惨事は避けられた。

クロムウェルの行動は、それまで敵対的だった人々の姿勢を変えた。オクスフォードは国王派の本拠地として、クロムウェルを忌み嫌っていたが、フェアファクスとクロムウェルを大学に招待し、名誉法学博士の学位を授与した。ロンドンにもどると、議員や有力商人が帰還を歓迎した。革命の進展するなかで、将来に不安を感じていた統治エリートが、クロムウェルに安定的な中心を見出したのである。革命をさらに進展させようとするレヴェラーズの脅威が、それだけ現実性をもっていたということにほかならない。

アイルランド侵攻

アイルランド侵攻の最大の障害物だったレヴェラーズを政治的に排除するとともに、統治エリートの信任を取りつけたクロムウェルは、一六四九年六月二十三日、アイルランド統監に就任し、全権を掌握した。まず軍事費確保のためにロンドンの商人と交渉し、一五万ポンドの借り入れ枠を獲得した。次に議会の支持を取りつけて、消費税四〇万ポンドを軍事費にあてる法律を制定させた。さらに議会は王領地や主教座聖堂参事会の土地を売却して、アイルランド侵攻の費用を用意した。これらの不動産価値は総額二五〇万ポンドをこえ、競売でロンドンの商人や金融業者に大きな利益をもたらした。

侵攻に要する費用を確保したクロムウェルは、七月十日、ロンドンを発って西海岸に向かった。トランペットが吹き鳴らされ、多数のお付きを従えた出征のありさまは、君主のようであった。ブリストルに着いてから一カ月間、順風を待って訓練をかさね、八月十三日、ついにアイルランドに向け出航した。クロムウェルが率いるのは一万二〇〇〇人の軍勢、それを迎え撃つのはオーモンド侯の率いる一万五〇〇〇人の国王派＝カトリック連合軍に加えて、アルスタ(北部)のスコットランド軍四〇〇〇人であったが、内実は、主導権争いを繰り返す烏合の衆にすぎなかった。

クロムウェルの到着直前、議会軍はオーモンド侯軍の隙《すき》を突いて先制攻撃をかけ、ダブリン前面から国王軍を駆逐していた。これによってクロムウェル軍は、安全に上陸することができた。オーモンド侯は残った兵力をダブリン北方

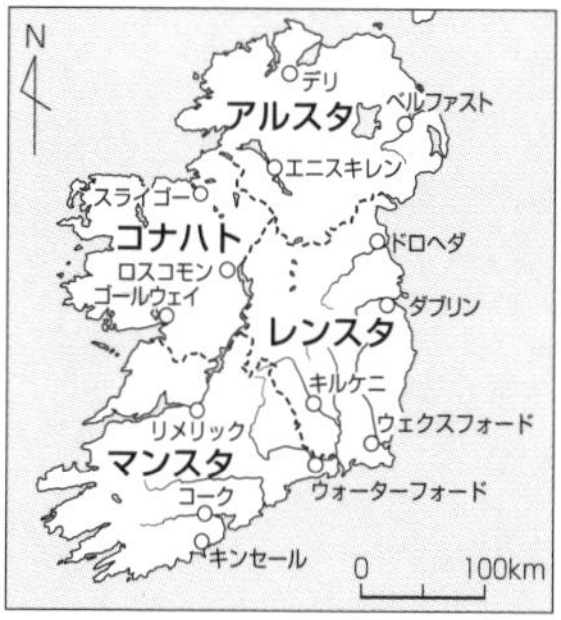

内乱時のアイルランド

の拠点ドロヘダに集中し、そこを守りぬく戦略を立てた。侯は軍紀を引き締め、略奪をおこなった兵士を処刑して、地域住民の支持を獲得した。

ドロヘダの守備隊に降伏を呼びかけたものの拒否されたので、クロムウェルは重砲で攻撃を開始した。ドロヘダは堅固な防備を誇る城だったが、圧倒的な数の力の前に、翌朝、街は陥落した。自らも生命の危機を感じたためか、彼は捕虜の助命を拒否した。兵士二八〇〇人を含む総計三〇〇〇人の命が失われた。

ドロヘダは、彼の生涯の汚点となっているが、当時の戦争法規に従えば、かならずしも非合法とはいえなかった。しかしそれまでの内乱における捕虜のあつかいと比較するとき、常軌を逸していた。クロムウェル自身、ドロヘダでの行為に説明を必要としたようで、それを「神の怒り」「神の摂理」としてプロテスタント改革派の立場から正当化している。

ドロヘダの惨劇が広く知られた結果、近隣の街や城砦は、降伏を呼びかけられると次々に降伏した。しかし降伏した街や城には駐屯軍を残さなければならないので、クロムウェルの軍はだんだんと小さくなっていった。次の攻略目標であるアイルランドの南東端ウェクスフォードに着いたとき、軍は八〇〇〇人あまりに減っていた。

ウェクスフォードの戦いは、ドロヘダよりさらに問題があった。降伏交渉が長引いている間に戦闘が始まり、民間人を含む二〇〇〇人あまりが虐殺された。降伏交渉中の攻撃は、当時の戦争法規に照らしても違法で、クロムウェルに弁解の余地はなかった。

ウェクスフォードの陥落によってアイルランド南部の国王軍は散り散りになり、ルパートはポルトガルに逃亡した。アイルランド全土で侵攻は順調に進んだ。内陸はともかく、海岸線のほとんどはクロムウェル軍の支配下にはいった。

この状況に危機を感じたカトリック司教は、アイルランドの国家とカトリックの信仰が危機に瀕しているとする声明を発表した。これに対してクロムウェルは激烈に反応した。

お前たちの盟約なるものは、……死と地獄の盟約である。……お前たちは反キリストの一部にすぎない。……お前たちはすでに大量の血を流した。まもなくお前たちすべてが自分の血を飲むことになろう。そして神がお前たちにそそぎこむ怒りと憤怒の杯の残りかすも飲むことになるのだ。

▼チャールズ二世（在位一六六〇〜八五）　父チャールズ一世と王妃アンリエッタ・マライアとの間に生まれる。幼いときから革命に巻きこまれ、第一次内乱の敗北後、フランスに亡命。父の死後、スコットランドの支持を受けて王位継承を宣言したが、クロムウェルの軍に敗北し、ふたたび大陸の各地に亡命。クロムウェルの死後、長老派やマンクと交渉ののち、ブレダ宣言を発して、王政復古を成功させた。嫡子がいなかったため、王位は弟のジェイムズ二世に受け継がれ、それが名誉革命を引き起こす一因となった。正式に王位についたのが王政復古以後であるため、本文ではチャールズ（二世）と表記する。

プロテスタント改革派がカトリックに対していだく憎悪の感情こそが、ドロヘダやウェクスフォードでの虐殺を生み出したことを示している。

　一六五〇年にはいると、クロムウェルに残された時間はわずかになっていた。スコットランドの脅威が迫っていた。スコットランドは、チャールズの遺児（皇太子チャールズ）▲をスコットランドのみならずイングランド、アイルランドの国王であると宣言し、イングランドに侵攻するかまえをみせていた。

内陸の平定は困難を極めた。クロムウェル軍の攻撃法を知った敵は、しだいに対策を立てはじめた。クロンメルでは、一日で一五〇〇人の戦死者を出すなど、事実上の敗北といってもいいすぎではなかった。

　一六五〇年五月二十六日、クロムウェルは問題を積み残したまま、アイルランドを離れた。軍事的勝利、外交的成功にもかかわらず、侵攻が成功したとはいえなかった。クロムウェル軍は各地に駐屯部隊を残したために縮小していったが、補充部隊はイングランドから到着しなかった。同年夏、クロムウェルがアイルランドに残した新型軍は、カトリック教徒を徴兵するところまで追いつめられた。

最終的に平和条約が締結されたのは一六五三年四月であった。クロムウェルのあとを継いだアイアトンが義父ほどの軍事的能力がなかったこと、またアイルランド人が巧妙なゲリラ戦術で各地に駐屯する新型軍を悩ませたためである。

一六四一年から一六五二年の間に、アイルランドはおよそ三〇万の人口を失った。多くの人が戦死したことに加えて、一万人以上が年季契約奉公の名のもとに事実上、奴隷として西インド諸島やヴァージニア植民地に送られた。四万人以上が、スペイン軍など大陸のカトリック軍に加わった。

カトリック教徒は土地を奪われ、荒れはてた西部コナハト地方への移住を命ぜられたが、実際に移住を強制することはできなかった。強制収用した土地を耕すのに、カトリック教徒の農民が必要だったからである。クロムウェルはしだいに、コナハト地方へのカトリック地主の移住政策を緩和した。

アイルランドの受けた損害は大きかった。アイルランドの土地の半分以上が、侵攻の費用を用立てた人々や兵士に分け与えられた。しかしアイルランドに定住した兵士はわずかだったので、プロテスタントの定住するアイルランドというクロムウェルや議会の構想は画餅に帰した。

長期的にみた場合、クロムウェルのアイルランド侵攻は大失敗であった。アイルランドの人々は地域や信仰は異なっても、イングランドに対する反感という点でまとまりをもつようになった。クロムウェルの名は、二十世紀にいたっても、アイルランドの人々を反イギリスに駆り立てる負の記号として役立ったのである。

スコットランド戦争からウスタの戦いへ

イングランドに帰還すると、クロムウェルは大歓迎を受けた。ブリストルでは市民が、ウィンザーでは多数の議員、国務会議議員、軍幹部が彼を出迎えた。ロンドンでは、多数の群衆が歓呼の声をあげて帰還を祝い、祝賀行事が数日にわたって繰り広げられた。

クロムウェルのなかでは、すでに次の計画ができていた。スコットランド侵攻である。わずか数年前、同じプロテスタント改革派として国王を相手に肩を並べて戦った隣の独立国に、なにゆえに侵攻を企《くわだ》てるにいたったのであろうか。きっかけはスコットランドがチャールズの遺児をスコットランド、イングランド、アイルランドの君主であると宣言したことにあった。

しかし双方の不信感はさらに遡《さかのぼ》る。内乱初期、不利な戦況のなか、スコットランドの軍事援助を獲得するために、議会は「厳粛な同盟と契約」によって長老教会制度の採用を強いられた。これはプロテスタント改革派のなかにさえ、不満を引きおこした。大国イングランドの教会制度を小国スコットランドが決めることへの不快感である。さらにスコットランドが要求した軍事費は、当時のイングランドにとって大きな負担となった。

当初から双方にあった不信感は、マーストン・ムアの戦い以降、はっきりした。イングランドは新型軍をつくったことで、もはやスコットランド軍の助力は必要なくなった。他方、スコットランド側は、イングランドの提供した軍事費がすぐに底をついたのに、追加の支払いがなされないことに不満を感じていた。国王の身柄引きわたしと引き換えに軍事費は支払われたが、両者の信頼関係はもはやなかった。スコットランドを巻きこんで第二次内乱が引きおこされたことによって、不信感は敵意に転じた。

こうした両国の関係には、十七世紀にみられる「複合国家の危機」がみてとれる。ヨーロッパ各地に、同一の君主をいただきながら、利害を異にし、帰属意識も異なる国家・地域が数多く存在した。統治が安定しているとき、これらの諸国家・諸地域は、さほど軋轢を引きおこさない。しかしなにかのきっかけで統治が不安定になると、複合国家はそれが複合的であるという事実によって、公然たる反乱や戦争を引きおこした。十七世紀半ば、カタルーニャやポルトガルで発生した反乱も、この事例である。

いずれにせよ当時のイングランドにとって、スコットランドは対等の国家ではなく、アイルランド同様、イングランドに服属すべき国家であった。アイルランドの反乱が鎮圧された今、次の目標がスコットランドであるのは自然であった。大量の軍需物資が整えられ、北方へ輸送された。しかしクロムウェルの盟友フェアファクスは、指揮を執ることを拒否した。長老教会制度を支持する彼は、信仰を同じくする人々と戦うことができなかった。

クロムウェルは新型軍総司令官の地位につき、スコットランドの要人に多数の書簡を送った。そのなかで彼は、スコットランド国民に敵意はないことを明らかにし、また長老教会に対しては「兄弟」と呼びかけて、宗教上の寛容を求

内乱時のスコットランド

めた。唯一の敵はチャールズ(二世)とそれを支持する人々であるとして、侵攻軍に抵抗しないように呼びかけた。

一六五〇年七月二十二日、クロムウェルは、一万六〇〇〇人の兵を率いて国境のトウィード川をわたった。一週間後、エディンバラから八マイルの地点に迫ったが、豪雨と補給の不足のため、一時退却を余儀なくされた。

四週間後、彼はまだエディンバラ東方のダンバにいた。イングランド軍は補給が不足し、傷病兵が多く、脱走者もあとを絶たなかったため、兵は一万一〇〇〇人にまで減り、倍するスコットランド軍と対峙し、包囲されそうな状態にあった。この危機にあたってクロムウェルは、いつもどおりのやり方で対処した。傷病兵を交代させ、補給を確実にし、軍紀を厳正にすることである。軍の士気を高めるため、彼は何度も祈りのときをもって、神の助けを願った。

戦闘は九月三日の早朝におこなわれた。ランバート少将の指揮下、イングランド軍は夜陰をついて移動し、スコットランド軍右翼に集中攻撃をかけた。これによってスコットランド軍の戦線が崩壊し、兵士は散り散りになって逃亡した。戦死者三〇〇〇人、捕虜一万人という赫赫《かくかく》たる戦果があがった。

しかしダンバの戦いで戦争に決着がついたわけではない。クロムウェルは国務会議に対し、ただちに増援軍六〇〇〇人を送るよう要請した。増援軍を待つ間、彼はスコットランド政府内急進派に働きかけ、一部の指導者にチャールズ(二世)支持の態度を変えさせた。スコットランドでは、このままクロムウェルに抵抗し続けるのは神の意思に反することではないかという疑念が生じていた。エディンバラ城守備隊司令官も、一六五〇年のクリスマスに城を明けわたした。

一六五一年になると、クロムウェルの健康が悪化した。加齢に加え厳しい生活のためにしつこい下痢に悩まされ、さらに腎臓結石にも苦しんだ。七月に回復したとき、クロムウェルの指揮下には、二万一〇〇〇人の十分休養した兵士がいた。イングランド軍がスコットランドの中核地域を支配下においたので、チャールズ(二世)とスコットランド軍は最後の要衝スターリングを放棄した。

イングランドでは、国王処刑の衝撃と、それに続くアイルランド侵攻、スコットランド侵攻のために、重い税が課され、共和制政府に対する支持は、かならずしも磐石なものではなかった。イングランド国民の支持に一縷の望みをかけたチャールズ(二世)は、国境をこえて南に向かった。街に着けば国王として

▼**ジョージ・マンク**（一六〇八〜七〇）　南部の古い家系に生まれる。バッキンガム公のカディス遠征に加わって以降、数々の軍事作戦に参加。内乱では最初、国王軍に加わったが、議会軍の捕虜となり、クロムウェルの軍に参加。王政復古を主導し、アルバマール公爵位を授けられた。

歓迎されたが、政治的、軍事的支持とはならなかった。イングランドの人々にとって、一六四〇年代の「乞食のような」スコットランド軍の記憶は苦いものであった。チャールズ（二世）がイングランドの西部ウスタに到着したとき、クロムウェル軍が追いついた。

圧倒的な兵力を誇るクロムウェルは、ダンバの戦いの一周年にあたる一六五一年九月三日、早朝から三度にわたって国王軍を城外に誘い出して打ち破った。チャールズ（二世）も自ら兵を率いて奮戦したが、三度目の戦いに敗れたのち夜陰に乗じて逃亡し、大陸へ亡命した。

チャールズ（二世）の逃亡とともに、戦いはすみやかに終結した。スコットランドでは、クロムウェルの腹心マンク将軍▲が、全土を平定していた。クロムウェルは、凱旋将軍としてロンドンにもどった。

スコットランドに対するあつかいは、アイルランドと対照的であった。宗教上の寛容が求められただけで、土地保有はそのまま認められた。戦争責任は、スコットランド国民ではなく、宗教や政治の指導者にあるものとされた。スコットランドと友好関係を保つことが重要だということは、ランプ議会指導部や軍の共通認識であった。

軍事指揮官としてのクロムウェル

ウスタの戦いを最後に、クロムウェルは戦場で戦うことはなかった。アレクサンドロス大王のような歴史に残る軍事指揮官ではなかったにせよ、彼は慎重な指揮官で、兵站を重視した。彼は食料や弾薬の補給につねに気を使っていた。これは兵士の士気を維持するのみならず、住民の支持を獲得するうえでも、大きな意味をもった。補給を十分にし、略奪を禁止し、違反者を厳格に処罰するクロムウェルのやり方は、戦闘の行方のみならず、戦争の帰趨を制した。

クロムウェルは、補給だけでなく、傷病兵のあつかいでもきわだっていた。近世の戦争において、傷病兵は打ち捨てられるのが普通であったが、彼は看護に気を使い、後方への輸送に心を砕いた。こうした配慮が、彼のカリスマ的な軍事指導力の背後にあった。多くの兵士がクロムウェルとフェアファクスのもとで戦うことを望んだのは、生命にかかわる問題だったからである。

戦争にイデオロギーの重要性をもちこんだという点で、クロムウェルは歴史に先駆けており、新型軍は史上最初の革命軍であったといってもいいすぎではない。君主に雇われる傭兵軍というモデルにかわり、彼は堅忍不抜の信仰をもつ兵士からなる軍の強さをみせつけた。聖歌を歌いながら進軍する新型軍は、国民国家以降の近代的軍隊を先取りしていた。しかしそこには弱点もあった。イデオロギーが堅固であるということは、自らの思想に忠実であるということにほかならず、レヴェラーズの影響力を受けやすいことを示していた。一時的とはいえ、レヴェラーズの影響力が新型軍に浸透したのは、イデオロギーを基盤とする軍隊の弱点を示している。

そして軍を政治の道具とみなすという点でも、クロムウェルは時代に先んじていた。近世の戦争において、戦闘の目的は君主の栄光を明らかにすることであり、また傭兵隊長にとっては企業活動にほかならなかった。しかしクロムウェルにとって、プロテスタント改革派の勝利は、個人的栄光や儲けとは別次元の話であり、優先順位は明確であった。彼は軍の利害を重んじたが、軍の利害がプロテスタント改革派の勝利という究極目標に優先するということは決してなかった。

④—安定を求めて

ランプ議会と軍

ウスタの戦いに勝利し、国王派の脅威をすべて取り除いたことによって、革命政権はイングランドを実効支配していると認められた。ヨーロッパの各国は大使や使節を送り、事実上の正統政権と認めた。チャールズ(二世)の亡命を受け入れたフランスおよび商業上の利害で対立するオランダとは一触即発の状況が続いたが、国王を処刑した当時より、はるかに安定した統治となっていた。

しかし革命政権の内部では、議会と軍の対立が激化していた。クロムウェルはランプ議会を「良き者が排除され、最悪の者が残った」と評した。ランプ議会に失望した彼は、ふたたび急進派との連携を模索した。リルバーンやその仲間と会合をもち、「イングランドの人々をこの世でもっとも自由な人間にする」と約束した。急進派も、彼を聖書のなかのヨシュアやモーゼになぞらえてたたえた。

クロムウェルにとって重要な課題は三つあった。ランプ議会にかわる新しい代表機関をつくること、政権の支持基盤を拡大するために国王派に大赦を実施すること、時間も金もかかる法制度を簡素なものに改革することである。ランプ議会にとっては、これらの課題は急進的すぎたが、軍幹部にとっては、これらの課題の解決だけでは十分ではなかった。

それでもスコットランドから帰国したクロムウェルは、ランプ議会の重鎮で古くからの盟友シンジョンと協力して、課題の解決に努力した。クロムウェルも軍幹部も、新しい代表機関から「敬虔でない者」を排除するべきだと考えていたが、議会はこれに抵抗した。二カ月かかってようやく、一六五四年十一月三日にランプ議会が自発的に解散する、という合意に達した。

ランプ議会の抵抗にうんざりしたものの、クロムウェルは、議会と軍の間で妥協を試みた。一六五一年十二月、軍幹部と議員を集めて、今後のイングランドの国制について討論がおこなわれた。議員は君主制復活の余地を残しておきたがったが、軍幹部はそれを拒否した。議論の最後に、クロムウェルは、イングランド人とキリスト教徒の安全、権利の保護に必要であるならば、何らかの君主制的な体制が実効性をもつかもしれない、と語った。その場にいた人の多くは、ステュアート家の復帰が考えられない以上、その役割をはたすのはクロムウェルしかいないと感じた。

一六五二年春、オランダとの戦争▲が勃発したため、国制改革はすべて頓挫した。ランプ議会はその間、改革にいっさい手をつけなかった。一六五二年の間、ランプ議会は国王派の大赦に抵抗していた。イングランド全土で福音を述べ伝える事業も、議会の抵抗にあって実現しなかった。十分の一税にかわる財源が認められず、長老派以外の聖職叙任も否定された。司法改革についても、弁護料に上限を設ける、法律家の議員兼職を禁止するといったことが提案されたが、ほとんどが無視された。それどころかクロムウェルの権力を削減するために、さまざまな手を打った。議会はアイルランド統監職と統監代理職を廃止した。その結果、クロムウェルの公式の称号は、新型軍総司令官だけになった。年末には、議会は住居としてクロムウェルに与えていたハンプトン・コート宮殿を売却した。

こうしたランプ議会の動きに対して、クロムウェルと軍幹部は、同年夏から反撃に転じた。軍幹部は集団で、司法改革や新しい代表機関の選出を請願した。

▼**オランダとの戦争**（一六〇八〜七〇）　英蘭戦争。航海法（八八頁頭注参照）の制定をきっかけとして三回にわたる戦争がおこなわれた。

ランプ議会は、対オランダ戦争の戦費がかさんでいるとして、新型軍の給与を削減するとともに、新型軍の一部を解散した。秋になると、議会がクロムウェルを総司令官の地位からはずすという噂でもちきりだった。年末には、軍で数多くの祈禱集会がもたれ、新しい代表機関が生まれるように熱心に祈りがなされた。軍は、国王派とランプ議会議員を排除した代表機関を望んでいた。クロムウェルは、軍幹部や指導的議員と何度も会合をもち、両者の妥協をはかったが、ついに合意にいたらず、最終決断がくだされた。

ランプ議会の解散

一六五三年三月十五日、クロムウェルは議会に対し、オランダとの和平提案をおこなったが、議会はこれを拒否した。これ以降、彼は国務会議や議会に姿をみせなくなった。四月六日、議会は新しい代表機関について軍と協議をする予定であったが、キャンセルされた。議会は、クロムウェルや軍士官を新しい代表機関から排除しようとしていた。

一方、市井ではオランダとの戦争の影響が出ていた。北部からロンドンに石炭を輸送する船はオランダ海軍のために出港できなかった。石炭不足になったロンドンは寒さに震え、料理することさえままならなかった。

この危急のときにあたって、四月十九日、クロムウェルは指導的軍幹部と議員を自邸にまねき、長時間にわたる協議をおこなった。両者は合意に達したわけではないが、議員は審議中の新代表機関に関する法案の審議を延期する旨を確約した。ところが翌日、議員は確約を裏切って、ランプ議会の延命をはかる法律の審議を開始した。

ここにいたってクロムウェルは軍を率いて下院に乗りこんだ。彼はライフル部隊に射撃の準備をして外で待つように指示した。議場のいつもの席に着いた彼は、法案が投票にかけられる直前、席を立って演説を始めた。最初冷静だったクロムウェルはしだいに激して、「あなた方はもはや議会とはいえない、私は議事を終わりにする」と叫んで、部隊を議場にまねき入れた。彼は「主がこの仕事をなされた」といいながら、他方で「あなた方が私を追いこんで、こうさせたのだ」ともいった。そして退場する議員一人ひとりに悪罵を投げつけた。

ランプ議会にうんざりしていた人々は、クロムウェルの決断を拍手をもってむかえた。彼は人々に、議会が人々の信頼を裏切ったので、こうした挙に出たと説明した。いずれにせよ、ウスタの戦いに勝利してから、機能しないランプ議会に愛想をつかしていたクロムウェルも軍幹部も、自分たちはもっとうまくやれると思っていた。

聖者議会

軍幹部と協議のあと、クロムウェルは三つの王国から「敬虔な者」を召集し、新しい代表機関とすることに決めた。法律家や現役の士官は排除された。約二週間かけて、一四〇人の代表が指名された。七月、彼らは国務会議の部屋に集まり、二時間におよぶクロムウェルの演説を聞いた。彼は内乱の歴史から説き起こし、ランプ議会の解散を正当化したのち、そこに集った人々は羊の群れを導くためにいるのだと自覚を促した。この集会は一年半継続してから新たな集会を指名し、人々が十分に「敬虔に」なったあと、自由な選挙が実施されることになっていた。

聖者議会には、クロムウェルの心にある二つの原則が奇妙なかたちで同居していた。一六二八年の議会以来、四半世紀、議会人として過ごしてきた彼にとって、議会を中心とする「古来の国制」は、イングランドの人々の自由を守る砦であった。他方、プロテスタント改革派の一員として、彼はキリストの再臨を固く信じており、ここ数年の政治的激動から、キリストの再臨が近いという確信を強めていた。

この二つの原則は、革命以前には、多くの改革派の政治家が共有するものであり、とくに問題を引きおこすこともなかった。しかし長期議会の開始以降の政治的激動は、両者の違いをきわだたせた。「古来の国制」を重視する者は、すでに国王派に加わるか、反軍派として議会から追放されていた。他方、キリストの再臨を信ずる者は、イングランドが世界に先駆けて千年王国になる夢にとらわれていた。聖者議会は、この二つの原則が、奇妙なかたちで合体してできあがっていた。

当初から、この集会に集まった人々の身分が卑しいという批判がなされていたが、そのようなことはない。千年王国主義者は、一〇人に一人もいなかった。多くは地方の敬虔なジェントリであって、地域社会で政治的経験を積んでいた。

「古来の国制」を重んじるクロムウェルは、それを「議会」と呼び、国制の中心に位置づけた。聖者議会は、彼の意図を体して、次々と改革立法をおこなった。司法改革は、とりわけ重視された。

改革立法のうち、もっとも難しかったのが、十分の一税の廃止である。以前からプロテスタント改革派は、廃止を主張していたが、実現には困難があった。十分の一税を徴収する権利の約三分の一が俗人の手にわたり、一種の財産となっていたためである。そうした人々にとって、十分の一税の廃止は、私有財産権の侵害にあたった。クロムウェルは廃止を望んでいたが、撤回せざるをえなかった。「古来の国制」によって守られる「臣民の権利」が、「真の信仰」に優先したのである。

結局、二カ月もたたないうちに、クロムウェル自身、聖者議会にうんざりしてしまった。彼は「以前はならず者に悩まされたが、今はばか者どもに悩まされている」と語った。ランプ議会との対立や聖者議会の指名において、もっとも強力に支持した「第五王国派▲」は、彼を「罪人、老いた竜」と非難するようになった。「古来の国制」に縛られない千年王国主義者にとって、クロムウェ

▼**第五王国派**　キリストの再臨が間近に迫っていることを信じるキリスト教諸教派の一派。もっとも有名な指導者は、トマス・ハリスン少将(一六一六〜六〇)で、聖者議会の設立に深く関わった。聖者議会の解散にともなって護国卿政権への敵対姿勢を強めた。

ルはあまりに保守的に思われた。

決定的対立は、教会制度をめぐって生じた。多くの人々は伝統的な教会制度を望み、聖職者の生活が保証されることを望んでいた。クロムウェル自身、すべての教会が完全に自立した自発的共同体となることは、望んでいなかった。しかし聖職禄と国家教会の廃止を望む急進派と、聖者議会をただちに終了しようとする保守派の利害が一致したことによって、教会制度の改革は頓挫してしまった。

統治章典

ダンバの戦いの立役者ランバート少将は、最初から聖者議会を相手にしていなかった。一六五三年十月以降、彼は新しい国制の草案に取りかかった。草案のもとになったのは四七年の「提案要綱」だったが、今回、君主として想定されていたのはクロムウェル自身である。できあがった「統治章典」は、五四年から四年間、イギリス史上、唯一の成文憲法として実際に施行された。

ランバートは、最初、草案をクロムウェルと軍幹部との協議の場で提示した。

新しい君主クロムウェルと新しい国制を同時に承認してもらうのが、ランバートの目論見《もくろみ》であった。しかしクロムウェルは国王という称号を拒否したのみならず、聖者議会を解散することにも消極的であった。ランバートはそこで、聖者議会が自ら解散するように仕向けた。

教会制度の改革案が否決された十二月十日から二日後の月曜日、穏健派の議員はたたき起こされ、登院させられた。登院した議員は、次々に立ち上がって急進派を非難し、今や聖者議会は人々の支持をえていないので、自ら権力を放棄すべきだと結論した。

議長に率いられてホワイトホール宮殿に向かった議員たちは、クロムウェルの面前で権力を放棄した。彼は驚いたものの、権力という重荷を担うことに同意した。すべてはクロムウェルを翻意させるためにランバートが仕組んだ一幕であった。クロムウェル自身、聖者議会が人々の支持をまったくえていないことを理解していたので、受け入れた。

「統治章典」は、イギリス革命がついに急進的な路線（レヴェラーズ的なものであれ、第五王国派的なものであれ）を放棄し、保守的な路線にきりかえたことを示していた。第一条は、イングランド、スコットランド、アイルランドが、単一の人間と単一の議会によって統治されることを定めた。クロムウェルが国王という称号をきらったので「護国卿《ごこくきょう》」と呼ばれたが、実質的に君主にほかならなかった。議会は三年に一度召集すると定められた。国王派の人間は、最初の四回の選挙から排除されたが、その後は選挙権を回復することになっていた。選挙権は、二〇〇ポンド以上の動産、不動産所有者に与えられ、イングランドに四〇〇、スコットランドとアイルランドには、それぞれ三〇の議席が与えられた。議会を通過した法案は、護国卿の同意がなくても制定法として認められた。護国卿には、三万人の常備陸軍および海軍を保有することが認められた。

護国卿の権力は強大であったが、革命以前の王権が枢密院の規制を受けなかったのとは異なり、国務会議によって制限されていた。国務会議議員の指名権は、護国卿、議会の双方にあった。護国卿の地位は世襲ではなく、クロムウェルが死去した場合、国務会議で選挙されることになっていた。キリスト教が公的な宗教であったが、いかなる宗教であれ信仰する自由が認められた。カトリックの信仰および主教制は除外されたが、クロムウェル自身は寛容であった。

BY THE COVNCIL.

WHEREAS the late Parliament dissolving themselves, and resigning their Powers and Authorities, The Government of the Commonwealth of England, Scotland, and Ireland, by a LORD PROTECTOR, and Successive Triennial Parliaments, is now established; And Whereas OLIVER CROMWELL, Captain-General of all the Forces of this Commonwealth, is declared LORD PROTECTOR of the said Nations, and hath accepted thereof: We have therefore thought it necessary (as we hereby do) to make publication of the Premisses, and strictly to Charge and Command all and every person and persons, of what Quality and Condition soever, in any of the said three Nations, to take notice hereof and to conform and submit themselves to the Government so established. And all Sheriffs, Maiors, Bayliffs, and other Publick Ministers, and Officers, whom this may concern, are required to cause this PROCLAMATION to be forthwith published in their respective Counties, Cities, Corporations, and Market-Towns, To the end none may have Cause to pretend ignorance in this behalf.

Given at White-Hall the sixteenth day of December, 1653.

クロムウェル護国卿就任を宣言する文書(右)**と護国卿の印**(左)

ランバートと軍幹部は、ただちにクロムウェルを護国卿に選んだ。壮麗に演出された就任式で、クロムウェルは簡素な黒の衣服をまとって、神の福音が国の隅々までいきわたり、人々が自由と財産を享受することを望むと演説した。「古来の国制」に従って統治することを望んだ。無政府状態になるのではないかという懸念が、彼に権力を引きうけさせたのである。「私は、自分たちが混乱と無秩序に向かって一目散に走り、必然的に流血に向かっているのをみた。私は、自分が今いる地位に私をつけたいという人々の望みを受け入れた」。

議会開催まで

新しい議会が最初に召集されるまでの九カ月間、国務会議は二〇〇本あまりの条例を制定し、停滞していた国政改革を実施に移した。大法官府裁判所は効率的で費用のかからないものとなった。決闘、闘鶏、競馬は禁止された。聖職者任用委員会が設けられたが、応募できるのは、独立派、長老派、バプテストだけであった。しかしクロムウェルは、大主教ロードの抑圧的な国教会の政策に苦しめられた経験から、諸教派に寛容であった。三位一体の教説に正面切って反対したり、国王派の陰謀にかかわったりしないかぎり、主教制支持者▲やクェーカー▲、第五王国派も存在を許された。カトリック信仰についてさえ、見て見ぬふりをされた。もはや魔女裁判は許されず、拷問も認められず、窃盗などによる死刑も廃止された。

　護国卿政権を独裁とみる見方は以前からあったが、実際におこなわれた統治は、独裁からほど遠かった。一連の改革は、エリザベス時代以来、プロテスタント改革派の多くが望んでいたものであったし、宗教上の寛容という点では、改革派の枠をこえ、未来を見通すものであった。独裁的とみなされるとすれば、それは制度の問題ではなく、人の問題であった。「統治章典」は、寛容で同意にもとづく統治制度を定めていたが、それが実際に機能するためには、クロムウェルという強力な政治的人格を必要としたのである。「統治章典」の統治制度は「古来の国制」に極めて似かよっていたが、「古来の国制」のように統治エリートに受け入れられていなかった。

▼主教制支持者　革命以前のような非カルヴァン派の国家教会統治制度を支持する人々。

▼クェーカー　ジョージ・フォックス(一六二四〜九一)によって設立されたキリスト教諸教派(セクト)の一派。自らは「光の子」「フレンド派」などと名乗っていたが、一六五〇年、ある治安判事によって「クェーカー」と呼ばれ、その名称が定着した。すべての人間の良心にある「内なる光」にのみ従うべきことを主張し、当時の人々に衝撃を与えた。

最初の議会

一六五四年夏、一六四〇年以来、一四年ぶりに総選挙がおこなわれた。開会の辞において、クロムウェルは、これまでの事態を、以下のように総括した。

実際、私たちはあらゆることにおいて、ほとんど勝手気儘になってしまった。統治といった私たちの関心事について、どのような有様になっているだろう？ 人間の位階や序列はどうなったのだろう？ イングランドは、何百年もの間、〔すぐれた階層秩序によって〕知られていたのではないか？ 貴族は、ジェントルマン▲は、ヨーマン▲はどうなったのだろう？ 〔階層秩序は〕国家にとって利益、それも大きな利益なのだ。国家の統治は、人間を均一にするという連中の嘲《あざけ》りと不満のもとに、貶《おとし》められてきたのではないか？

階層的に秩序づけられた伝統的なイギリス社会こそが、「古来の国制」の前提となるという確信が、ここに明らかにされている。それぞれの社会階層が、ほかの社会階層に対して寛容になり、お互いの間で利益をはかることが、国家、州共同体、教区共同体を貫く国家の存立基盤なのである。ほかの社会階層は尊

▼ジェントルマン　イギリスの社会階層。本来はジェントリ（貴族とヨーマンの間の社会階層）のなかの下層部分を指したが、両者を厳密に区別するのは困難であった。

▼ヨーマン　イギリスの社会階層。独立自営農民と訳されるが、実際はジェントルマンよりも下で、一般の農民よりも上の階層をさすあいまいな概念。もともとの意味は侍者で、法的には年収二ポンド以上の自由土地保有者、すなわち州選挙区選挙民資格をもつ者。

重されなければならないし、ほかの共同体も重んじられなければならない。しかし差異をすべて解消することは、理想ではない。

議員はクロムウェルの意図を了解しなかった。議会は「統治章典」の改訂に手をつけ、議会の権限を拡大し、護国卿と国務会議の権限を縮小しようとした。ランプ議会と聖者議会に人々が愛想をつかしたのは、まさにその勝手気儘な振る舞いのせいで機能しなくなったことにあった。

クロムウェルは現行の「統治章典」に同意する署名を求め、拒否した議員八〇人を排除した。それでも議会は統治章典の改訂をあきらめなかった。軍幹部のなかにもレヴェラーズの影響のもと、「人民協定」の線に沿って「統治章典」の改訂をはかる者がいた。しびれを切らしたクロムウェルは議員を集め、二時間におよぶ大演説をおこなったあと、議会を解散した。

軍政官制度

ふたたび議会を召集するまでの間、クロムウェルは新しい地方統治制度の構築に乗り出した。きっかけとなったのは各地で頻発する国王派の政権転覆の陰謀であった。クロムウェルは全国を一二の軍政官管区に分け、それぞれに軍政官と軍政官代理を配置した。さらに六〇〇〇人の民兵隊選抜部隊を治安維持にあたらせた。草案をつくったのは、やはりランバートであった。国王派に対して年収の一割の課税をおこなって費用にあてたが、これは極めて不評であった。国王派だけを特別あつかいするのは、統一の回復というクロムウェルの基本方針に反していたし、議会の同意をえない課税は、「古来の国制」からの逸脱として対象者以外にも不安を与えた。

しかし軍政官制度が機能しなかったわけではない。国王派の陰謀を押さえこむ点では、成功した。著名な国王派の人物など一万四〇〇〇人あまりが武装解除され、法律に反した行動をしない旨の制約をおこなった。近世の国家としては例外的に警察力の強い国家となったのである。

もう一つ軍政官が取り組んだのは、「敬虔な改革」あるいは「マナーの改革」と呼ばれるものである。これは十七世紀初頭以来、プロテスタント改革派の勢力が強い地方で実施されてきた生活改革運動で、貧困の撲滅を旗印に、飲酒、性非行、遊興、暴力などを地域社会から追放する取り組みであった。議会派はすでにクリスマスの祝祭を禁止するなどの措置によって、この政策を実施していたが、全国的にさらに強力に推進した。ロンドンでは「熊いじめ」をおこなってきた「熊牧場」が閉鎖され、熊や犬が処分された。「闘鶏」も禁止され、レスリング、石投げなどの遊びも抑圧された。

一般に軍政官制度や「敬虔な改革」は、失敗に終わったといわれる。しかし、はっきり成果を示す数字もある。それは私生児の割合で、全出生のうちわずか〇・五％まで低下した。これは近世ヨーロッパの国家としては異例の低さで、事の良し悪しはともかく、運動が一定の成果をあげたことは間違いない。

もう一つ注目すべきことは、ユダヤ人に対する寛容政策である。イングランドでは、十六世紀半ば以来、ユダヤ人の居住は公式には認められていなかった。ユダヤ商人との競争をきらうロンドンの商人や国務会議内の消極論をはねのけて、一六五六年、クロムウェルはユダヤ人を迫害しない旨を明らかにした。彼の統治のもと、イングランドにユダヤ人が定住するようになった。

軍政官自身、自分たちの統治が不人気なのを知って、早期の議会召集を進言し、一六五六年、二度目の議会が召集された。四〇〇人の議員のうち四分の一が国王派や共和制主義者で、期待した「敬虔な」議員集団とはいえなかった。しかしクロムウェルを国王にする以外に政局を安定させる方法がないという理由で、彼の支持基盤は拡大していた。

クロムウェルの外交政策

議会の冒頭演説でクロムウェルが強く訴えたのは、対スペイン戦争であった。スペインは、反キリストの総帥であるローマ教皇の支配下にあって、スペインとの戦争は神の摂理にもとづくものなのである。

クロムウェルがランプ議会に見切りをつけた一つの理由は、一六五二年の対オランダ宣戦布告にあった。プロテスタント改革派である彼にとって、オランダはエリザベスの統治以来、長きにわたる盟友であり、戦争をする相手ではなかった。戦争のきっかけとなった航海法▲自体、彼が対スコットランド戦争で不在のときに制定されたものであった。彼はランプ議会を解散すると、ただちにオランダとの和平実現に取りかかった。一六五四年四月、オランダとの和平協定が成立した。航海法はそのまま残ったが、目的はオランダの排除ではなく、

英蘭戦争の終結を記念するコイン

▼**航海法**　イングランドの植民地と本国の間の交易を、イングランドの船舶だけに制限する一六五一年の制定法。革命によって新大陸交易がオランダに独占されるにいたった状況に危機感をいだいたことが原因。クロムウェルが制定したといわれるが、実際に立法の背後にいたのは、独立派と政治行動をともにしていた新大陸交易商人であると思われる。この法律はオランダとの戦争を引きおこしたが、王政復古後も維持され、イギリスの植民地体制をつくりあげた。

「神の栄光と、イエス・キリストの福音を広めるため」とされた。

　クロムウェルはまた、汎ヨーロッパ的プロテスタント連合のために行動した。サヴォイ公国▲におけるワルド派▲の弾圧に心を痛め、生き残った人々のための基金を集めた。再カトリック化されたポーランドに残るプロテスタントのための募金活動にもかかわった。

　プロテスタント改革派としての外交政策の帰結が、対スペイン戦争であった。エリザベス時代の記憶に生きる彼は、ヨーロッパ大陸で直接対決せず、西インド諸島のスペイン植民地に対する攻撃という方針をとった。ヒスパニョーラ島を占領し、ハバナに攻撃をかけ、メキシコ本土に侵攻する計画であった。もちろんこの壮大な計画が実現するはずもなく、イングランド軍は防備の薄かったジャマイカを占領するにとどまった。ジャマイカは以後三世紀の間、イギリス帝国の橋頭堡《きょうとうほ》となった▲。

　陸地への攻撃はうまくいかなかったが、海上での攻撃は功を奏した。対オランダ戦争のために整備を進めたイングランド艦隊は極めて強力で、スペインの輸送艦隊は、多くの船が沈められ、拿捕《だほ》された。

▼サヴォイ公国　本来はアルプスのフランス側斜面を本拠地とするサヴォイ伯がピエモンテに領土を拡大、十五世紀に公爵となってトリノを本拠地とした。

▼ワルド派　十二世紀後半、リヨンの商人ワルドが始めたキリスト教の一派。清貧を主張したことによって、一一八四年、異端宣告を受けた。

▼ジャマイカの占領　これによって、大西洋をまたいでイングランド、アイルランド、西インド諸島、新大陸植民地からなる「大西洋世界」が形成され、人と物が行き交うようになった。

クロムウェルは、さらにフランスを反スペイン連合に取りこもうとした。処刑したチャールズ一世の王妃がフランス王家の出身であったことから、フランスとの同盟は困難であったが、彼は硬軟両様の政策でフランスをゆさぶり、一六五七年、フランスを反スペイン同盟に引きこんだ。

フランスとの同盟成立によって、低地地方のスペイン領を直接攻撃することができ、ダンケルクなど重要な街がイングランドの手に落ちた。これはヨーロッパのプロテスタントを勇気づけたが、財政的には引き合わなかった。クロムウェルの統治の正統性に疑問をもつロンドンの商人は、貸し付けを断った。護国卿政権の期間、政府予算の九割近くが軍事費であった。一六五八年、戦費は底をついた。

クロムウェルと議会

ランプ議会を実力で解散に追いこみ、聖者議会に失望したクロムウェルが、自ら新しく設計しなおした議会であったが、思うように機能しなかった。

司法改革は、ランプ議会以来、もっとも気にかけた課題だったが、ほとんど進展がなかった。費用のかかる裁判制度、軽罪に極刑を科す一方で重罪を見のがす不均衡などが問題となったが、法律家が抵抗するなかで、クロムウェルの改革案は葬り去られた。

　宗教問題においても、議会との関係はうまくいかなかった。彼は、プロテスタント改革派として、宗教上の問題において「良心の自由」を重視した。当時「過激派」とみなされていたクェーカーや第五王国派とも接触を保ち、彼らを社会的に排除しようとしなかった。

　彼がもっとも力をいれたのは、「暗黒の辺境地帯」と呼ばれたウェールズ▲におけるプロテスタントの宣教活動であったが、議会は無関心であった。ようやくウェールズ福音普及委員会が設立され、二七八人におよぶウェールズ人聖職者を不適格としたが、改革派の信仰が広がるどころか、ウェールズ人の反感を買うばかりであった。

　議会が、クェーカーの指導者ジェイムズ・ネイラの額に焼き印をいれ、舌を引きぬく処罰を課したとき、クロムウェルはこの残酷な処置に驚いた。どのような根拠でそれを決めたのか問いかけたが、無視された。このように良心の自

▼ウェールズ　イングランドの西に位置する地域。本来は皇太子を君主とする独立領であったが、一五三六年、イングランドに統合された。

由を重視した結果、クロムウェルと、議会や軍の多数派との間の溝は深まるばかりであった。

宗教上の問題について、議会が最終的司法権をもつことに対する危惧が、クロムウェルに、かつての貴族院のような制度を再構築することを考えさせたのである。

「謙虚な請願と勧告」

クロムウェルが新しい院を構想していたころ、二つの事件が起きた。秘書とハイドパークで馬車に乗っていたとき、鞭を強くいれすぎたため馬車が急に走り出し、馬車から振り落とされたのである。落ちた拍子に身につけていたピストルが暴発したので、死んでも不思議ではない事故であった。もう一つは事故ではなく、暗殺の試みである。かつての軍急進派の一人が、クロムウェルを暗殺しようとホワイトホール宮殿の居室の下に爆弾をしかけた。内報者がいて事件は未然に防がれたが、彼の生命が狙われていることを世に知らしめた。

いずれにせよ彼に万一の事態が生じた場合どうするかについて、いかなる取り決めもなかった。サーロウ▲など新しいクロムウェル支持派は、この状況に不安を感じた。クロムウェルの人格によってようやく成り立っている統治を、制度的に安定したものにする必要があった。そこでサーロウは新しい国制を構想した。

　その成果は、一六五七年二月二十三日、「勧告」という名称で議会に提示され、長い審議をへて、三月三十一日、「謙虚な請願と勧告」として、クロムウェルに提出された。その意図は、形式的にも、実質的にも、革命以前の王政にもどることにあった。クロムウェルは、国王という名称を与えられ、革命以前同様、議会の一部として法案への拒否権▲を認められ、軍事権、行政権、外交権を掌握した。革命以前と異なって、究極的権力は下院が握り、国務会議の権限は縮小された。新しい貴族院議員の選任は、下院の同意を必要とした。

　こうした動きが進んでいることを、クロムウェルは当然知っていた。自分を暗殺する陰謀が暴露されたことを祝って、彼は議員をバンケティング・ハウスにまねき、豪華な祝宴を張った。その次の月曜日、「勧告」が議会に提示された。「勧告」が護国卿に正式に提出された三日後、彼は公式に回答して、国王となることを拒否した。

▼ジョン・サーロウ（一六一六～六八）　オリヴァ・シンジョンの秘書を務めたのち、国務会議書記に就任。さらに護国卿秘書長官となる。

▼拒否権　伝統的国制観によれば、国王は貴族院、下院とともに議会を構成する一部として、法案に対して拒否権をもっていた。

議員資格、国務会議の権限などをめぐって、そのあとも交渉は続けられたが、五月八日、クロムウェルは最終的に王位を拒否した。その結果、「謙虚な請願と勧告」にもとづいて、クロムウェルの護国卿政権第二期が始まった。就任式は、宗教的色彩こそ欠いていたものの、戴冠式に似た壮麗なものとなった。

「勧告」で定められた権限にもとづいて、クロムウェルはただちに、かつての貴族院に代わる新しい院の議員六三人を指名したが、三分の一は指名を拒否した。貴族からも七人指名したが、受諾したのは二人だけであった。さらに問題だったのは、多くの新議員が、下院の中心メンバーだったことである。▲

その結果、下院におけるクロムウェル支持派が減少し、共和制主義者が主導権を握って、「謙虚な請願と勧告」自体を批判しはじめた。共和制主義者と既得権保持者の間に挟まれて、議会はまたも機能しなくなった。しびれを切らせたクロムウェルは、一六五八年二月四日、凍りつくような寒さのなか、突如、議会を訪れ、神の名のもとに議会を解散した。四年間で四度目の解散であった。クロムウェルの議会運営がまずかったというより、革命によって、かつて議会を成り立たせていた制度的枠組みが機能しなくなったことを示していた。

▼**下院の運営**　革命以前にも、有力な下院議員が貴族院に移動することによって、下院の運営が困難になる現象がみられたが、それと同じことが生じたのである。

⑤—晩年と死

軍との対立

一六五八年になると、クロムウェルはしだいにサーロウら、新しい支持者と付き合うことが多くなった。ますます困難になる政治状況のなかで、気楽な付き合いが魅力的になったのである。それは彼の権力の基盤である軍との距離が遠くなりはじめたことを示していた。すでに前年からランバートはクロムウェルを支持しなくなっていた。

一六五八年二月六日、クロムウェルは不満をもつ士官グループと面会した。ロンドンのバプテストや共和主義者たちから、上院の設置を取り消すようにという請願を受けて機嫌が悪かったところに、士官が大挙して押しかけたことにクロムウェルは腹を立てた。彼は怒りを爆発させ、我を忘れる状態になった。見ていた人は、クロムウェルがかつてもっていた人格的影響力や叡智を失ったのではないかと恐れた。オランダの大使やヴェネツィア使節も、クロムウェルの影響力が低下している印象をいだいた。

クロムウェルの政治的影響力が低下するにつれ、国務会議の重要性が高まった。クロムウェルの政治的腹心となったサーロウが国務会議を切り回し、クロムウェルは会議に参加せず、重要な議題にも発言しなくなった。

政治の中心から離れつつあったが、クロムウェルの宗教的関心が弱くなることはなかった。新大陸から帰国した牧師と面会して「神の御業」について語り合い、ルイ十四世にサヴォイのワルド派弾圧について書簡を送り、ポーランドやベーメンのプロテスタントのために基金を集め続けた。ほとんど干上がってしまった国庫からユダヤ人にも支出した。

病気と死

その間もクロムウェルの健康は悪化していた。腎臓結石にともなう痛みの発作が何度も襲い、スコットランド遠征以来、熱が下がらなくなっていた。マラリア性の熱や痛風にも苦しんだ。病気の苦しみをさらにひどくしたのが、娘のエリザベスなど近親者の死▲であった。子供に先立たれた苦しみは、彼の健康に悪い影響をおよぼした。

▼**近親者の死**　一六五八年六月に娘エリザベスの子、オリヴァが一歳で死去し、八月にはエリザベス自身も死んでしまった。

▼**リチャード・クロムウェル**（一六二六〜一七一二）　オリヴァ・クロムウェルの三男であったが、兄が早世したため相続人となった。穏やかな性格で誰からも愛されたが、父のような政治的決断力はなかった。父の死にともなって護国卿に就任したが、政治的混乱を打開できず、一六五九年四月に辞任。王政復古後、パリに亡命したが、一六八〇年に帰国、死去するまで偽名で過ごした。

娘の死の悲しみがあまりに深かったので、クロムウェルは生きる気力を失った。ハンプトン・コート宮殿の庭園で彼に会ったジョージ・フォックスは、彼が死人のように見えたと記している。もはや自分で聖書を読むことができず、人に読んでもらうようになった。病の苦痛に眠れぬまま、彼は次のように祈った。

主よ、私は哀れむべき卑しい生き物でありますが、恩寵をつうじて主と結ばれており、主の民のために主のもとに参るものです。主が、ふさわしからざる私を、彼らに良き行いをなし、主への奉仕をする道具としたのです。彼らの多くが私に高すぎる評価を与えましたが、私の死を喜ぶ者もありましょう。しかし主よ、私に何をなさろうとも、主の民に良き業をお続けください。

八月三十日、大嵐がイングランドを襲い、オークの大木を根こそぎにした。九月二日、国務会議の議員は、クロムウェルが余命いくばくもないと知り、後継者を指名するように懇請した。彼はもはや話すことができず、枕頭に集まった人々がリチャード▲の名を出すと、同意してうなずいたようにみえた。

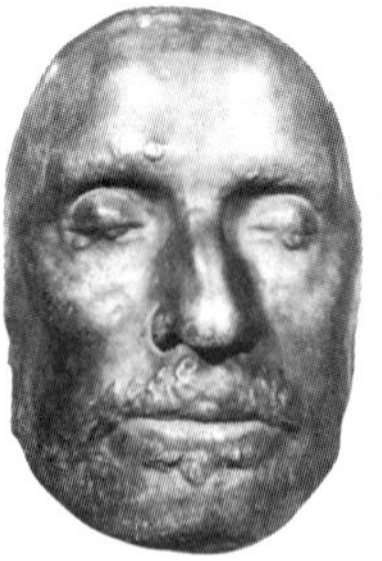
クロムウェルのデスマスク

翌日は、彼の生涯における大勝利、ダンバの戦いとウスタの戦いの勝利を祝う日であった。彼は自分の信仰はすべて神のものであるといって、意識を失った。その数時間後、少数の国務会議議員や医師にみまもられて、彼は穏やかにこの世を去った。

クロムウェルとイギリス革命

死去以来、クロムウェルは「史上もっともよく知られ、もっとも理解しがたい人物となった」。しかしここまで彼の生涯を追ってみると、それほど理解しがたい人物ではない。理解を妨げているものがあるとすれば、彼の生涯とイギリス革命が密接に結びついているので、両者を区別することが困難なことによる。

革命が起きなければ、オリヴァ・クロムウェルという政治的人格は出現しなかったし、クロムウェルという人格がなければ、イギリス革命はあのような政治過程をたどらなかったであろう。

長期議会開会から一年あまりの間、下院におけるプロテスタント改革派の指

▼**ベンジャミン・ラドヤード**（一五七二〜一六五八）　初期の長期議会指導者。下院でのペンブルック伯の代理人。

導者は、ピム、ラドヤード▲などで、彼らが貴族院改革派の意向を受けて、下院を操縦していた。彼らはそもそも革命など意図しておらず、ロード大主教やストラフォード伯にかわって、チャールズ一世のもとで改革派からなる新しい政府を構築しようとしていた。

クロムウェルは、ウォリック伯、ベドフォード伯などプロテスタント改革派貴族の下院における政治的代理人の一人、それもあまり有力でない一人にすぎなかった。クロムウェルはあまりに過激な言辞と行動のため、一時、指導部から疎まれたが、それは、彼が「代えのきく」下院議員の一人であったことを示している。

内乱が不可避になってくると、クロムウェルは軍事的能力によって頭角をあらわしたが、議会派指導部の一員と認識されるまでには、まだ時間がかかった。マンチェスタ伯が彼を東部連合軍幹部に登用した理由の一つは、彼の軍事的能力を認めたことと同時に、操縦可能な配下の一人とみなしていたことによる。

しかし彼はマンチェスタ伯の政治的配下として行動しなかった。彼にとって優先順位は戦争に勝利することにあって、国王と政治的に妥協することではなかったからである。もちろん彼も最初から国王を処刑するつもりはなかった。国王と妥協するために、戦争に勝利することが必要だと考えていたにすぎない。マンチェスタ伯にとって、戦争に勝利しなくても、国王との妥協は可能であった。そこには同じ統治エリートに属するとはいえ、宮廷の中心にいた人物と、地方の「田舎紳士」の間のこえがたい溝があった。

戦争に勝利したクロムウェルは、ただちに政治的妥協のために「提案要綱」を作成した。その穏健な内容は、彼が真剣に和平の達成を望んだことを示している。しかしその思いにチャールズ一世が真剣に応えなかったとき、期待は失望に変わった。そしてチャールズ一世の手玉にとられているかにみえる長老派の動きが、彼を議員の追放へと追いこんだ。チャールズ一世の処刑それ自体、期待と失望のダイナミクスの産物である。

この激動のなかでのレヴェラーズとの微妙な関係は、クロムウェルの政治的性格を示している。長老派と政治的に対立したさいにはレヴェラーズと提携し、不要となるや弾圧する彼は、冷徹な機会主義者にみえる。しかしその後もレヴェラーズの指導者との和解を試みている事実は、政治目標を達成することに対する執着と、幅広い政治勢力の間での和解の可能性の追求という基本的政治姿勢を示している。

権力の頂点に昇りつめたクロムウェルの姿は、目的を達成した人間とは思われない。むしろ途方にくれ、自らがつくり出した現実に戸惑っている。それは、イギリス革命の行き着いたはてを示していた。

プロテスタント改革派の理想とイギリス革命

その生涯の頂点において途方にくれるクロムウェルの姿は、イギリス革命を主導した理念であるプロテスタント改革派の運命を示していた。彼は生涯の最初から死にいたるまで、プロテスタント改革派の世界観を体現していた。それはこの現実世界で起きるすべてのことに「神の摂理」を見出し、イングランドに「改革された」教会と国家の建設を夢みて、反キリストのカトリック諸国と戦うことを目標としていた。

エリザベスの統治がその弱々しい歩みを始めて以来、プロテスタント国家という自己像は国是であり、国家意識の源泉であった。こうした自己像は、首尾一貫した思想体系というよりはあいまいな雰囲気の反映で、イングランドの多くの統治エリートは、この自己像を共有していた。そのなかにあって、プロテスタント改革派は、この自己像をより強化するために、教会の改革、社会の改革、対スペイン強硬外交などを訴えたのである。したがって改革派はイングランド社会の反体制派であるどころか、柱石とみなされる人々であった。

実際、エリザベスおよびジェイムズの治世をつうじて、プロテスタント改革派は、宮廷、教会において、もっとも有力な派閥であり、その頂点にはレスタ伯、エセックス伯、ウォリック伯、ベドフォード伯、ペンブルック伯などの有力貴族がいた。彼らが政治的に疎外されるのはチャールズ一世の治世になってからのことで、それが一六三〇年代に改革派の新大陸脱出の動きを加速したのである。

政治的に強力であったにもかかわらず国政の中心から疎外された経験は、彼らのなかに大きな危機感を生み出した。二度とその経験を繰り返さないために、彼らは国制上の保障を求め、結果としてそれが内乱につながった。長期議会が分裂したとき、議会派と国王派を分かつ線が、改革派と非改革派の間に引かれ

▼**ディガーズ**　イギリス革命期に私有財産の廃止を主張した人々。自ら「真のレヴェラーズ」を名乗り、一六四九年四月、サリにおいて荒蕪地を開墾しはじめた。指導者はジェラード・ウィンスタンリ(一六〇九〜一六六〇年以後)。プラトンからトマス・モアにいたるユートピア思想の系譜あるいは社会主義思想の先駆とみなされることが多い。背景には、人口過剰や囲い込みの結果、多くの人々が辺境の森林・牧羊地帯に住みついていた現実があった。

たのはそのためである。

ところが改革派は、内乱の進行するなかで、次々と分裂していった。教会制度、スコットランド、軍などをめぐる政治的対立が、長老派、独立派、レヴェラーズの党派対立を生じさせ、一六五〇年代にいたるとさらに過激なディガーズ▲、クェーカー、第五王国派などの諸教派(セクト)を生み出した。

クロムウェルが政治権力の頂点に立ったのは、プロテスタント改革派の理想が砕け散って、それぞれが自らの正統性を競い合った時期である。一見、無原則な彼の政治行動は、この文脈のなかで理解できる。彼のなかで優先順位は戦争における勝利であったが、その一点における違いを除けばみなプロテスタント改革派の盟友だったのである。彼が政治対立のなかでいつも和解を勧告していたのは、もともと一体であったプロテスタント改革派の理想を愚直なまでに信じていたからである。

他方、寛容な姿勢はカトリックにはおよばなかった。カトリックは神に見放された者たちで、彼らが戦争で敗北したことは「神の摂理」にほかならなかった。アイルランドにおける蛮行はプロテスタント改革派の理想の暗部を明らかにしていた。

クロムウェルと「古来の国制」

イギリス革命を主導した理念の一つがプロテスタント改革派の理想であったとすれば、もう一つの理念が「古来の国制」であった。改革派の理想が曖昧であったように、「古来の国制」理念も幅広く曖昧であったが、議会制度を中核として歴史的に形成されてきた統治制度ということができるであろう。一六四〇年に長期議会が召集されてから、翌年秋、「大抗議文」の採択をめぐって下院が分裂するまで、議会が一致して政治改革を進めた背景には、「古来の国制」に寄せられた深い信頼感があった。

イングランドの統治エリートの一人として、クロムウェルも「古来の国制」を重んじることにおいて人後に落ちなかった。彼は政治経歴の最初において下院議員であったし、軍事指導者として頭角をあらわしたときにも一貫して下院議員であった。「辞退条例」が制定されたときには軍務を退く決意をしていたし、軍と議会指導部の間に対立が生じたときには、軍幹部に対してつねに議会との協調を訴えていた。スコットランドに対する嫌悪感の背後には、イングランドの国制に対する信頼感があった。

確かにプライド大佐が長期議会の議員を追放した例や、彼自身がランプ議会を解散したことなどを考えると、彼が「古来の国制」を無視したようにみえる。しかし彼がいつも議会に似た代議政体をつくり出そうとして失敗していたことをみれば、現実の議会に失望していたにせよ、理念としての「古来の国制」に信頼を失っていなかったことは間違いない。

とはいえ彼にとって、「古来の国制」はそれ自体で最優先の価値ではなかった。プロテスタント改革派の理想と食い違わないかぎり、重んじられたのである。世俗の政治制度として「古来の国制」は重要であったが、その存在理由はプロテスタント改革派の理想を実現するための手段にほかならなかった。

したがって権力の頂点にのぼりつめたクロムウェルがめざしたことは、生き残った「古来の国制」によって、プロテスタント改革派の理想の実現に一歩でも近づくことであった。無駄に終わった彼の政治的努力のすべては、そこにかかっていた。彼自身、第五王国派でもなければ、クェーカーでもなかったが、

クロムウェルの像(右)**とコイン**(左)

その指導者たちと密接に交流していたのは、彼らもまたプロテスタント改革派の理想を共有していると考えたからである。彼が現実の議会の姿に失望したのは、その理想を共有していなかったからである。

クロムウェルとその時代

議会に代表されたイングランドの統治エリートは、なぜクロムウェルの理想を共有しなかったのだろうか。革命と内乱が、その理想にとどめをさしたからである。長期議会が開始された時点で、統治エリートの半数はプロテスタント改革派の理念を共有していた。しかし内乱が開始され、戦争が続くなかで、その理念は色あせていった。内乱にならなければ多くの人々の共感をえたはずのものが、内乱の一因となることによって、魅力を失ったのである。ある者は古典古代の共和制に理想を見出したし、ある者はイングランドの国制を変革することに夢を見出した。カルヴァンの教えに忠実であろうとする者もいたし、千年王国の到来を熱望する者もいた。革命前の「古来の国制」やプロテスタント改革派の幅広い理想は、もともと首尾一貫していなかったためもあって、ばらばらに分解してしまった。そのなかで幅広く理想を追求するクロムウェルの努力は、あたかも覆水を盆に帰そうとするようなものであった。

さらにプロテスタント改革派の前提になっていた理念が、もはや受け入れられなくなっていた。内乱という現実を眼の前にして、ホッブズ▲は、国家権力の基礎を、神ではなく国家の構成員そのものに求めた。国家権力は、ローマ教皇の正統化を必要とするどころか、神によって義とされる必要もなくなった。ホッブズの国家論は、政治的に対極の立場にいたレヴェラーズの国家論と共通していた。

国家権力だけではない。この世界全体における神の位置が変わりつつあった。クロムウェルにとって、神はこの世のすべてを直接に統べるものであった。そうでなければ「神の摂理」は存在しようもない。しかしまさにこのとき、オランダのハーグに住むユダヤ人の背教者スピノザ▲は、世界を統べる神と「神の摂理」を否定する哲学を構想していた。近代世界はその思惟の延長上に出現したのである。

▼トマス・ホッブズ（一五八八〜一六七九）　イギリスの政治哲学者。オクスフォード大学モードリン・カレッジを卒業後、デヴォンシャ伯爵家の家庭教師となり、のちの伯爵とともに大陸各地を旅行。主著『リヴァイアサン』において、国家主権の起源を構成員の自己保存権に求めることによって、近代国家主権論の基礎を築いた。

▼バールーフ・デ・スピノザ（一六三二〜七七）　オランダの哲学者、神学者。裕福なユダヤ人商人の家に生まれる。「神の摂理」の前提となる、世界の外部にあって世界に直接働きかける神の超越的存在を否定した。

クロムウェルとその時代

西暦	齢	おもな事項
1599	0	*4-25* オリヴァ・クロムウェル生誕
1616	17	ケンブリッジ大学シドニ・サセックス・カレッジ在学（～17）
1617	18	父死去
1628	29	ハンティンドンから下院議員に選出される
1636	37	イーリに転居
1640	41	ケンブリッジから下院議員に選出される
1641	42	*11-1* アイルランド反乱の報，ロンドンに到達。下院分裂
1642	43	*1-4* チャールズ1世，議会指導部の逮捕を試みて失敗　*8-* 第一次内乱の開始　*10-22* エッジヒルの戦い
1643	44	*1-* 東部連合軍に参加
1644	45	*7-2* マーストン・ムアの戦い　*11-* マンチェスタ伯と議会で対立
1645	46	*6-* 辞退条例の適用除外となる　*6-14* ネイズビの戦い
1646	47	*5-* 第一次内乱の終結
1647	48	*7-*「提案要綱」草案の提出　*10-25* 最初の『人民協定』公刊　*-28* パトニ討論　*11-11* チャールズ1世，ワイト島へ逃亡　*-15* ウェアでレヴェラーズの反乱を鎮圧
1648	49	*4-29* ウィンザーの祈禱集会　*12-* プライド大佐による議員の追放
1649	50	*1-* チャールズ1世の裁判と処刑　*5-* バーフォードでレヴェラーズの反乱を鎮圧　*8-13* アイルランド侵攻（～50）
1650	51	*7-8* スコットランド侵攻（～51）
1651	52	*9-3* ウスタの戦い
1653	54	*4-20* ランプ議会を解散　*7-4* 聖者議会開会　*12-16*「統治章典」を受け入れて護国卿に就任
1654	55	*4-* 第一次英蘭戦争終結　*9-4* 第1回護国卿議会開会
1655	56	*8-* 軍政官を任命　*10-* 英仏条約を締結，スペインと開戦
1656	57	*7-* 第2回護国卿議会召集　*12-* ジェイムズ・ネイラ，処罰される
1657	58	*3-25*「謙虚な請願と勧告」を受け入れるが，王冠を拒否　*6-26* 護国卿政権の第2期が始まる
1658	59	*2-4* 第2回護国卿議会，解散　*8-6* 娘エリザベス，死去　*9-3* オリヴァ・クロムウェル死去

参考文献

今井宏『クロムウェルとピューリタン革命』清水書院，1984年
今井宏『イギリス革命の政治過程』未来社，1984年
今井宏編『世界歴史体系　イギリス史2　近世』山川出版社，1990年
今関恒夫『ピューリタニズムと近代市民社会』みすず書房，1988年
今関恒夫『近代ヨーロッパの探求3　教会』ミネルヴァ書房，2000年
岩井淳『千年王国を夢みた革命── 17世紀英米のピューリタン』講談社，1995年
岩井淳『世界史リブレット115　ピューリタン革命と複合国家』山川出版社，2010年
岩井淳・指昭博編『イギリス史の新潮流』彩流社，2000年
大沢麦・渋谷浩編訳『デモクラシーにおける討論の生誕──ピューリタン革命におけるパトニー討論』聖学院大学出版会，1999年
大西晴樹『イギリス革命のセクト運動(増補改訂版)』御茶の水書房，2000年
越智武臣『近代英国の起源』ミネルヴァ書房，1966年
越智武臣『近代英国の発見──戦後史学の彼方』ミネルヴァ書房，1990年
香内三郎『言論の自由の源流──ミルトン『アレオパジティカ』周辺』平凡社，1976年
香内三郎『「読者」の誕生──活字文化はどのようにして定着したか』晶文社，2004年
近藤和彦『イギリス史10講』岩波書店，2013年
田村秀夫編『クロムウェルとイギリス革命』聖学院大学出版会，1999年
田村秀夫編『千年王国論──イギリス革命思想の源流』研究社出版，2000年
西川杉子『ヴァルド派の谷へ──近代ヨーロッパを生きぬいた異端者たち』山川出版社，2003年
浜林正夫『イギリス市民革命史(増補版)』未来社，1971年
エリック・アイヴズ編(越智武臣監訳)『シンポジオン英国革命　1600－1660』ミネルヴァ書房，1974年
ジョン・ケニヨン(今井宏・大久保圭子訳)『近代イギリスの歴史家たち──ルネサンスから現代へ』ミネルヴァ書房，1988年
キース・トマス(荒木正純訳)『宗教と魔術の衰退』法政大学出版局，1993年
キース・トマス(川北稔訳)『生き甲斐の社会史──近世イギリス人の心性』昭和堂，2012年
クリストファー・ヒル(清水雅夫訳)『オリバー・クロムウェルとイギリス革命』東北大学出版会，2003年
クリストファー・ヒル(小野功生ほか訳)『クリストファー・ヒル評論集(1)～(4)』法政大学出版局，1991～99年
ジョン・モリル「17世紀ブリテンの革命再考」(富田理恵訳)，同「ブリテンの複合君主制　1500年-1700年」(後藤はる美訳)『思想』岩波書店　964号，2004年
R. C. リチャードソン(今井宏訳)『イギリス革命論争史』刀水書房，1979年
キース・ライトソン(中野忠訳)『イギリス社会史』リブロポート，1991年
ピーター・ラスレット(川北稔ほか訳)『われら失いし世界』三嶺書房，1986年

図版出典一覧

Geoffrey Ridsdill Smith & Margaret Toynbee, *Leaders of the Civil Wars 1642-1648,* Kineton, 1977　*9, 10, 13*上・下, *17, 20, 21, 23, 24, 28, 32, 36, 45, 51*

Maurice Ashley, *OLIVER CROMWELL and his world*, London, 1972　*7*中, *22, 53, 68, 82, 88, 97, 98, 106*

著者提供　*7*上, *7*下

ユニフォトプレス提供　カバー表, カバー裏, 扉, *13*中, *61*

小泉 徹（こいずみ とおる）
1952年生まれ
東京大学大学院人文科学研究科博士課程満期退学
専攻，イギリス近代史
現在，聖心女子大学文学部教授

主要著書・訳書

『岩波講座世界歴史(16)　主権国家と啓蒙』(共著，岩波書店 1999)
近藤和彦編『イギリス史研究入門』(共著，山川出版社 2010)
ジェフリ・スカール他『魔女狩り』(翻訳，岩波書店 2004)

世界史リブレット人 53

クロムウェル

「神《かみ》の摂理《せつり》」を生《い》きる

2015年6月25日　1版1刷発行
2021年9月5日　1版2刷発行

著者：小泉 徹《こいずみとおる》

発行者：野澤伸平

装幀者：菊地信義

発行所：株式会社 山川出版社

〒101-0047　東京都千代田区内神田1-13-13
電話　03-3293-8131（営業）8134（編集）
https://www.yamakawa.co.jp/
振替 00120-9-43993

印刷所：株式会社 プロスト

製本所：株式会社 ブロケード

 ISBN978-4-634-35053-3

世界史リブレット 人

1 ハンムラビ王 —— 中田一郎
2 ラメセス2世 —— 高宮いづみ・河合 望
3 ネブカドネザル2世 —— 山田重郎
4 ペリクレス —— 前沢伸行
5 アレクサンドロス大王 —— 澤田典子
6 古代ギリシアの思想家たち —— 高畠純夫
7 カエサル —— 毛利 晶
8 ユリアヌス —— 南川高志
9 ユスティニアヌス大帝 —— 大月康弘
10 孔子 —— 高木智見
11 商鞅 —— 太田幸男
12 武帝 —— 冨田健之
13 光武帝 —— 小嶋茂稔
14 冒頓単于 —— 沢田 勲
15 曹操 —— 石井 仁
16 孝文帝 —— 佐川英治
17 柳宗元 —— 戸崎哲彦
18 安禄山 —— 森部 豊
19 アリー —— 森本一夫
20 マンスール —— 高野太輔
21 アブド・アッラフマーン1世 —— 佐藤健太郎
22 ニザーム・アルムルク —— 井谷鋼造
23 ラシード・アッディーン —— 渡部良子
24 サラディン —— 松田俊道
25 ガザーリー —— 青柳かおる
26 イブン・ハルドゥーン —— 吉村武典
27 レオ・アフリカヌス —— 堀井 優
28 イブン・ジュバイルとイブン・バットゥータ —— 家島彦一
29 カール大帝 —— 佐藤彰一
30 ノルマンディー公ウィリアム —— 有光秀行
31 ウルバヌス2世と十字軍 —— 池谷文夫
32 ジャンヌ・ダルクと百年戦争 —— 加藤 玄
33 王安石 —— 小林義廣
34 クビライ・カン —— 堤 一昭
35 マルコ・ポーロ —— 海老澤哲雄
36 ティムール —— 久保一之
37 李成桂 —— 桑野栄治
38 永楽帝 —— 荷見守義
39 アルタン —— 井上 治
40 ホンタイジ —— 楠木賢道
41 李自成 —— 佐藤文俊
42 鄭成功 —— 奈良修一
43 康熙帝 —— 岸本美緒
44 スレイマン1世 —— 林佳世子
45 アッバース1世 —— 前田弘毅
46 バーブル —— 間野英二
47 大航海時代の群像 —— 合田昌史
48 コルテスとピサロ —— 安村直己
49 マキァヴェッリ —— 北田葉子
50 ルター —— 森田安一
51 エリザベス女王 —— 青木道彦
52 フェリペ2世 —— 立石博高
53 クロムウェル —— 小泉 徹
54 ルイ14世とリシュリュー —— 林田伸一
55 フリードリヒ大王 —— 屋敷二郎
56 マリア・テレジアとヨーゼフ2世 —— 稲野 強
57 ピョートル大帝 —— 土肥恒之
58 コシューシコ —— 小山 哲
59 ワットとスティーヴンソン —— 大野 誠
60 ワシントン —— 中野勝朗
61 ロベスピエール —— 松浦義弘
62 ナポレオン —— 上垣 豊
63 ヴィクトリア女王、ディズレーリ、グラッドストン —— 勝田俊輔
64 ガリバルディ —— 北村暁夫
65 ビスマルク —— 大内宏一
66 リンカン —— 岡山 裕
67 ムハンマド・アリー —— 加藤 博
68 ラッフルズ —— 坪井祐司
69 チュラロンコン —— 小泉順子
70 魏源と林則徐 —— 大谷敏夫
71 曽国藩 —— 清水 稔
72 金玉均 —— 原田 環
73 レーニン —— 和田春樹
74 ウィルソン —— 長沼秀世
75 ビリャとサパタ —— 国本伊代
76 西太后 —— 深澤秀男
77 梁啓超 —— 高柳信夫
78 袁世凱 —— 田中比呂志
79 宋慶齢 —— 石川照子
80 近代中央アジアの群像 —— 小松久男
81 ファン・ボイ・チャウ —— 今井昭夫
82 ホセ・リサール —— 池端雪浦
83 アフガーニー —— 小杉 泰
84 ムハンマド・アブドゥフ —— 松本 弘
85 イブン・アブドゥル・ワッハーブとイブン・サウード —— 保坂修司
86 ケマル・アタテュルク —— 設樂國廣
87 ローザ・ルクセンブルク —— 姫岡とし子
88 ムッソリーニ —— 高橋 進
89 スターリン —— 中嶋 毅
90 陳独秀 —— 長堀祐造
91 ガンディー —— 井坂理穂
92 スカルノ —— 鈴木恒之
93 フランクリン・ローズヴェルト —— 久保文明
94 汪兆銘 —— 劉 傑
95 ヒトラー —— 木村靖二
96 ド・ゴール —— 渡辺和行
97 チャーチル —— 木畑洋一
98 ナセル —— 池田美佐子
99 ンクルマ —— 砂野幸稔
100 ホメイニー —— 富田健次

〈シロヌキ数字は既刊〉